Chou à la crème

シュークリーム

めざす食感に必ずたどりつく 8つの配合× ベスト相性の8種のクリーム

福田淳子

はじめに

お菓子のプロの間では「その店の味を知りたければ、シュークリームを食べろ」
と言われています。
どこのお菓子屋さんにも並んでいるシュークリームですが、
その構造はいたってシンプル。シュー皮とクリームだけ。
シンプルだからこそ、お菓子に対する考え方がはっきりと出る奥の深い一品なのです。
ちなみに、シュークリームに欠かせないカスタードクリームをフランス語では
クレーム・パティシエールと言います。
パティシエールはお菓子屋さんという意味なので、
直訳すると「お菓子屋さんのクリーム」となります。

シュークリームほど、個人の好みが分かれるお菓子はありません。
ふわっとした皮が好きな人もいれば、
ざっくりした食感がある厚手の皮が好きな人も。
クリームも、カスタード派もいれば生クリーム派、
はたまたツインクリーム派もいますし、カスタードクリーム派の中にも、
濃厚なものが好きという人もいれば、
さらっとして口溶けのいいものが好き！ という人もいます。

そこで1章では、シンプルな基本のシュークリームを8種類ご紹介します。
シュー皮は、粉、油脂、水分量のバランス、絞り出し方、そして焼きの温度で、
クリームは、卵黄、バター、生クリームの分量の配合で、
口溶けや仕上がりのやわらかさを変えました。
材料はほとんど同じですが、見た目も食感も味わいもまったく違います！
さらに、これら基本のシュークリームに、おなじみのフレーバーを加えて作る
アレンジシューのレシピも6種類あります。
2章では、基本のシュークリームをマスターしてから作る、
上級者向けのシューのお菓子を5つ紹介しています。
スワンシューからルリジューズまで、
いつかは作りたい、きらきらして、ロマンチックで、華やかなシュー菓子たちです。

そう、この本が1冊あれば、シュークリームの基本も応用もマスターできます。
まずは、基本のシュークリームから作ってみてくださいね。

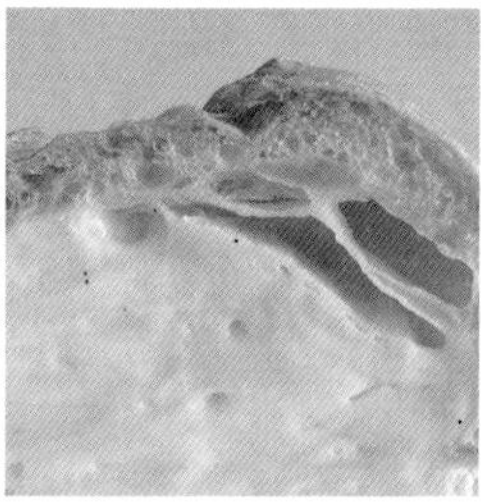

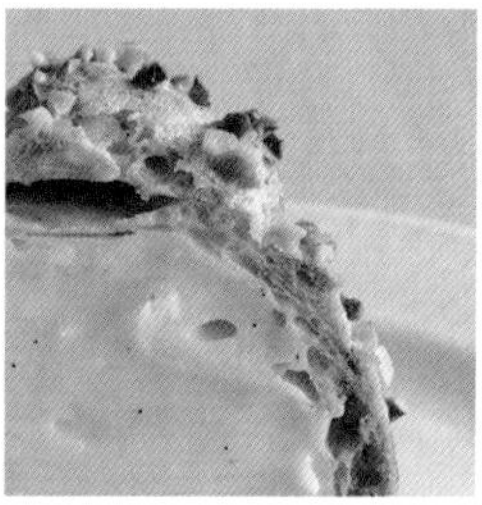

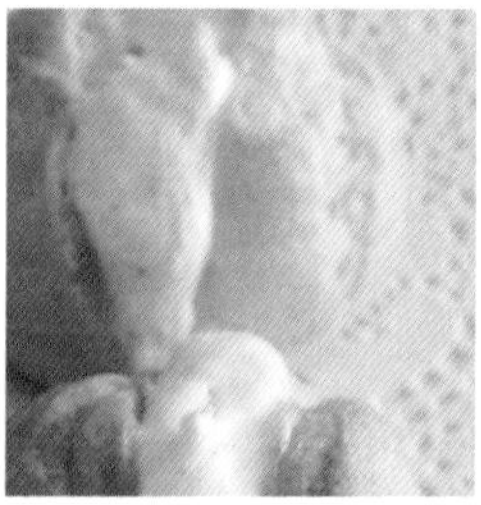

1章　基本のシュークリーム8種

2章　憧れの華やかシュー菓子

この本のルール

●1ml=1ccです。

●大さじ1は15ml、小さじ1は5mlです。

●バターは無塩バターを、生クリームは、動物性で脂肪分が40%以上のものを使ってください。

●卵はMサイズ（約50g）を使用しています。

●本書のオーブンの温度や焼き時間はガスオーブンを使用したときの目安です。電気オーブンを使用する場合の注意点はP46を参照してください。

作り始める前に
～お菓子作りの心得～

シュークリームを、いえ、お菓子作りを成功させるには、守らなくてはいけないルールがあります。難しいことは何もありません。でも、このルールを守るだけで、味も見た目もグッとよくなりますから、必ずここをチェックしてから、作り始めてくださいね。

心得 1　レシピは必ず最後まで、きちんと読んでから！

「作りたい気持ち」が先行して、サッと目を通した程度で作り始めてしまうと、工程が抜けてしまったり、順番が逆になってしまったりします。手順にはすべて意味があるので、作り方に書いてあるとおりに進めないと失敗します。きちんと最後まで、しっかり読んでから始めましょう。

心得 2　材料と道具は全部事前にそろえる。計量は正確に！

道具と材料は、始める前に必ず準備します。作り始めてから「あれがない！」ということがないようにしましょう。もたもたしている間に、加熱しすぎたり、放置しすぎてしまい、状態が変化してしまうなんてことも。お菓子作りは化学。時間や配合を間違えると失敗します。また、テンポよく進めることも成功の秘けつです。
基本中の基本ですが、計量を正確にすることも大切です。目分量なんて、もってのほか。デジタルスケールを使用すると計量が早く、正確にできます。

心得 3　レシピどおりに作る

お菓子作りの失敗の80％くらいは、レシピどおりに作らないから！　ではないでしょうか。自分好みの味もありますが、まずは書いてあるとおりに作ること。材料を勝手に変えない、分量もそのままで。“少しずつ”と書いてあるときは少しずつ、“寝かせる”と書いてあれば寝かせる。下準備もちゃんとしておく。面倒がらずに、丁寧に、ひとつひとつクリアしていきましょう。

心得 4　身支度をして、始める前にスペースを確保

当たり前のことですが、作り始める前にちゃんと手を洗って、エプロンをつけて髪をまとめます。キッチンは片づけて、道具や材料が広げられるスペースを確保しましょう。お菓子作りでいちばん大切なのは衛生的であること。きちんと片づけられた場所で作ると作業能率も上がります。

1章

基本のシュークリーム8種

ざっくりシュー、ふんわりシュー、クッキーシューやパイシューなど
8タイプのシュークリームを紹介します。
シューの皮も、中に詰めるクリームも、
基本の材料はほとんど同じですが、
材料の配合を変えるだけで、まったく違うシュークリームに！
シュークリーム初挑戦でも、
この章の8つのシュークリームなら、
どれから作っても大丈夫です。
小さなアレンジを加えるだけで作れる
アレンジシュー 6つを紹介しています。

さっくりシュー ※カスタードリッチクリーム

薄力粉100%で焼き上げた、ふんわり、さっくりしたシュー生地は、ハードすぎず軽すぎずの絶妙な食感。
中には、たっぷりのカスタードクリームにふわふわのホイップクリームを軽くミックスした、
カスタード多めの“カスタードリッチクリーム”をギュッと詰めました。
誰からも愛される王道のレシピです。

材料 直径約6.5cmのもの8個分

◎シュー生地
バター（無塩）……… 40g
水……… 100ml
塩……… ひとつまみ
薄力粉……… 60g
溶き卵……… 約2個分

◎カスタードリッチクリーム
卵黄……… 3個分
砂糖……… 65g
薄力粉……… 25g
牛乳……… 250ml
バニラビーンズ……… ⅓本
バター（無塩）……… 20g
生クリーム（脂肪分40%以上）……… 120ml

下準備

・全卵は常温に戻しておく。
・シュー生地とクリームの薄力粉をそれぞれふるう。ふるわないと生地もクリームもダマになりやすいので必ずふるうこと。
・ガスオーブンは200℃に予熱する（電気オーブンの予熱についてはP46参照）。
・天板に薄く油をぬり、強力粉（分量外）を全体に薄くはたき、直径5.5cmのセルクル型で8個分、等間隔にあとをつける。このとき、写真のように、型のあとが正三角形になるようにすると等間隔になる。

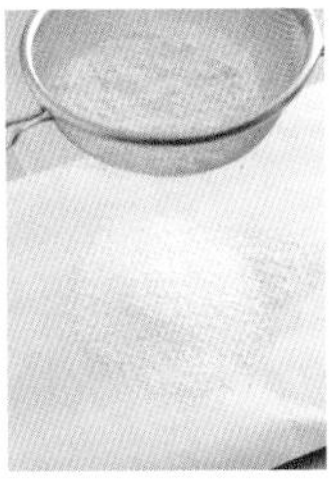

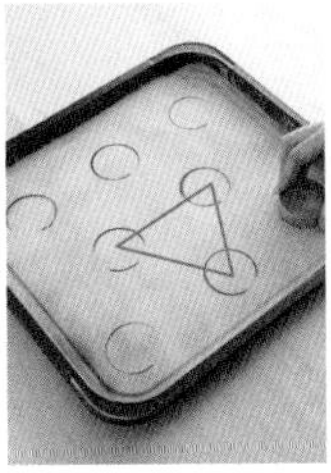

シュー生地を作る

1

バターを1cm角に切って鍋に入れ、水と塩も加え中火にかける。

＊バターが溶けきらないうちに水が蒸発してしまうと、全体の水分量が変わってしまい、生地がうまく焼き上がらないので、バターは必ず小さく切る。

2

1を沸騰させる。

＊鍋のまわりがふつふつとなる程度ではなく、写真のように鍋全体から沸き上がってくる状態になるまで待つこと。このときの温度が低いと生地ののびが悪くなる。

3

2にふるっておいた薄力粉を一気に加えたら、すぐに火を止め、勢いよく木べらで鍋底から混ぜ合わせる。全体がまとまってきたら、再度中火にかけて、木べらで混ぜる。鍋の底に薄く皮膜が張るようになったら、すぐに火を止める。

4

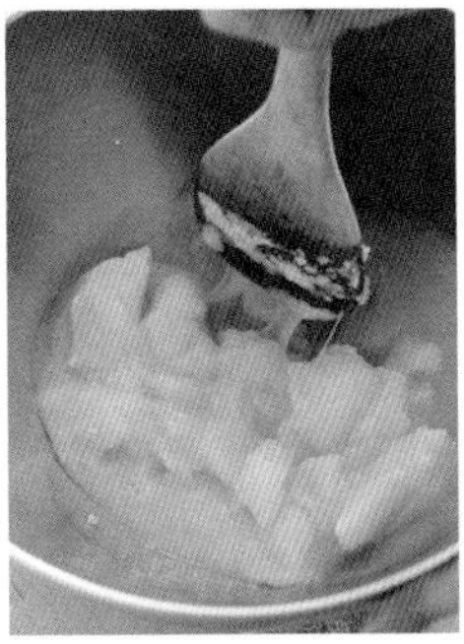

3をボウルに移し、溶き卵の半量を加える。最初は木べらで切るようにし、ある程度なじんだら練り混ぜる。

＊溶き卵全量を一気に入れると生地の温度が下がりすぎ、ふくらみが悪くなるので、まずは半量だけ入れること。

5

4に、残りの溶き卵を少しずつ加えながら木べらで混ぜる。

＊卵を一気に入れて生地がゆるくなってしまったら元に戻せないので、少しずつ入れること。生地がゆるすぎると横に広がり、きれいな形にふくらまない。

6

木べらで生地をたっぷりすくい、ゆっくりと下に落ちたあと、写真のように木べらからたれた生地が10cmくらいの三角形になったらOK。

＊もしも、溶き卵を全量入れても生地がかたい場合は、さらに、溶き卵を少しずつ加えてみる。もちろん反対に、卵全量を使いきらなくてもOK。

7

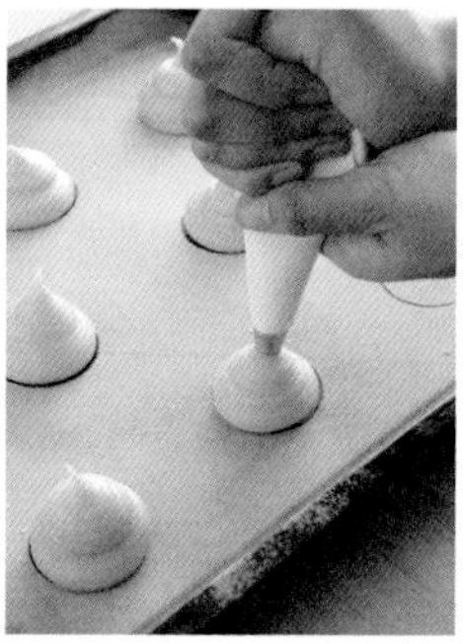

6の生地を直径1cmの丸口をつけた絞り出し袋に詰め、天板に、5.5cmの円形に8個絞り出す。

＊生地は絞ったときに人肌程度の温度だとよい。口金の位置を動かさずにこんもりと丸く絞ること。

＊絞り出し位置と量、高さ、形をそろえると、焼き上がりの大きさも均一になる。

8

ぬれた手で、7の中心を軽く押さえ、ならす。

9

30cmくらい離れたところから霧吹きで水をたっぷりと吹き、予熱しておいたオーブンに素早く入れ、200℃で20分、その後、温度を180℃に下げて10分、さらに170℃で15〜20分焼く。焼き上がるまでは絶対に扉を開けないこと。

10

焼き上がったシューの皮はケーキクーラーにのせて冷ます。

＊夏場など、湿気の多い時期は、粗熱がとれてから保存袋などに乾燥剤とともに入れたり、冷蔵庫で保存するなどして、皮のさくさく感を保つようにする。

カスタードリッチクリームを作る

11

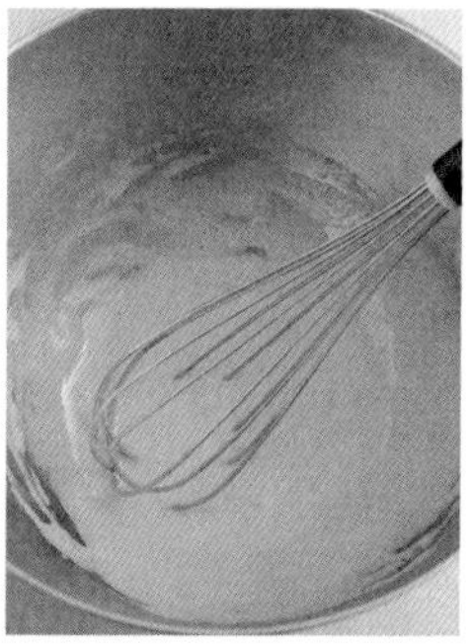

カスタードクリームを作る。ボウルに卵黄と砂糖を入れて、少し白っぽくなるまで泡立て器でよく混ぜ合わせる。

12

11に薄力粉を加えて、なめらかになるまでサッと泡立て器で混ぜる。

＊ここで混ぜすぎると粘りけが出るので、混ぜすぎないように注意する。

13

バニラビーンズに、縦に包丁を入れて種をこそげ取る。

14

鍋に牛乳と13のバニラビーンズをさやとともに入れ、中火でまわりがふつふつとしてくるまで温める。

＊牛乳の温度が高すぎると、卵黄生地に加えたとき卵黄がかたまってしまうので、沸騰させないこと。また加熱しすぎて膜が張ってしまうと、その分脂肪分がなくなるので、この点にも注意。

15

12に少しずつ14を加えながら、泡立て器で混ぜる。

＊泡立て器で混ぜながら、少しずつ加えること。混ぜずに一気に加えると、熱で卵黄がかたまってしまうので注意。

16

15を鍋にざるでこし戻す。バニラビーンズのさやも戻し入れる。

17

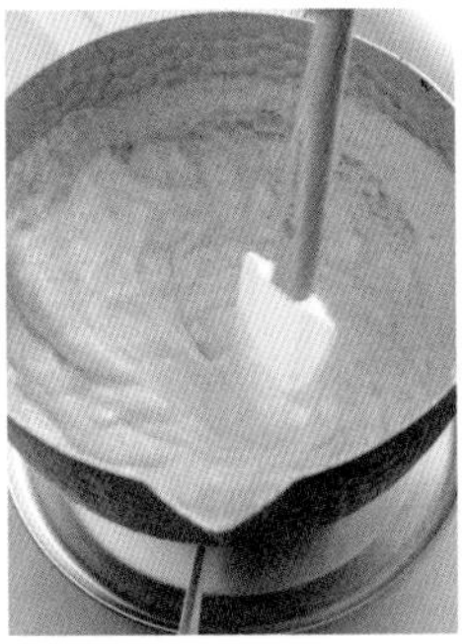

16を中火にかけ、鍋底からゴムべらで混ぜる。

＊クリームに熱が均一に入るよう、必ずかき混ぜながら、とろみがつくまで加熱すること。とろみは一気につくので、火から離れず、かき混ぜ続けること。

18

とろみがついたら弱火にし、さらに底からかき混ぜ続け、ダマがなくなるまでなめらかにする。全体にまとまってつやが出てきて、下からボコッ、ボコッと沸くようになってから、さらに1分ほど加熱。写真のように重く、とろっとした感じになったらOK。

19

火を止めてバターを加え、ゴムべらで、バターが完全に溶けるまで混ぜる。

＊バターを入れることで、クリームにコクとなめらかさが加わる。

20

19をバニラビーンズのさやごと容器に移し入れ、ラップをクリームに密着させてふたをする。氷水の上にのせ粗熱をとってから、冷蔵庫で冷やす。

＊ラップをぴたりと張りつけることで、乾燥だけでなく、ラップとクリームの間に水蒸気がたまるのを防ぐ。また、氷水で急冷することで雑菌の繁殖も防ぐ。

21

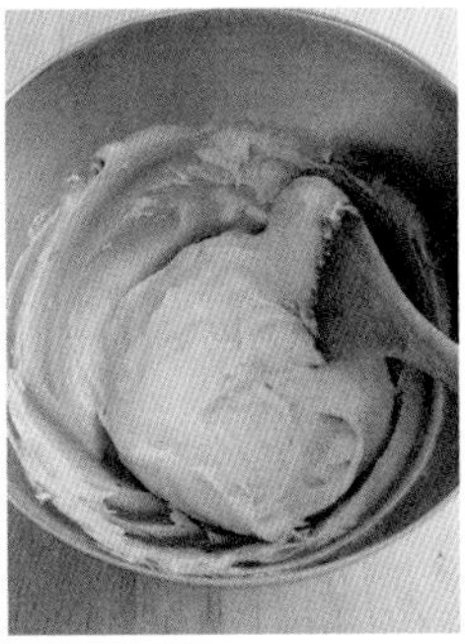

20のカスタードクリームをボウルに入れ、さやは取り出し、木べらで混ぜてなめらかにする。

＊冷蔵庫で冷えてかたまったクリームは、一度混ぜてなめらかにする。寒い時期は冷蔵庫から出して、しばらくおいておくとよい。

22

ホイップクリームを作る。別のボウルに生クリームを入れ、ボウルの底を氷水にあてながら、ハンドミキサーで九分立て(P63)に泡立てる。

＊生クリームはしっかりと泡立てる。ただし分離しないように注意すること。

23

21のカスタードクリームに22のホイップクリームを加え、ゴムべらで底からざっくりと混ぜ合わせる。混ぜすぎないこと。直径1cmの丸口をつけた絞り出し袋に詰める。

＊混ぜすぎるとふんわりした食感がなくなってしまうため、写真のように、生クリームのスジが残る程度でOK。

仕上げる

24

10のシュー皮の上1/3に、包丁で切り目を入れる。

25

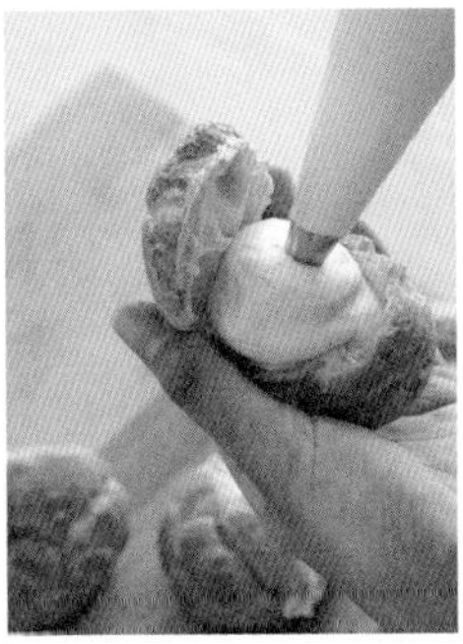

24に23のクリームを絞り入れ、ふたをする。

＊シュークリームはクリームを詰めてすぐが一番おいしいので、食べる直前に絞り入れるのがおすすめ。

ざっくりシュー ※ ミルキーカスタードクリーム

シュー生地の粉の半量を強力粉にして、「基本のシュークリーム1」よりも、
もう少しかたさを出し、ハードな食感にしました。
エバミルク(無糖練乳)とブランデーを入れたカスタードクリームは、なめらかな舌ざわり。
ミルキーな味わいです。

材料 直径約6cmのもの10個分

◎シュー生地

バター（無塩）………… 50g
水………… 120ml
塩………… ふたつまみ
砂糖………… 小さじ½
薄力粉………… 40g
強力粉………… 30g
溶き卵………… 約2個分

◎ミルキーカスタードクリーム

卵黄………… 4個分
砂糖………… 70g
薄力粉………… 35g
エバミルク………… 170g
牛乳………… 130ml
バニラビーンズ………… ½本
バター（無塩）………… 20g
ブランデー………… 大さじ1

下準備

・全卵は常温に戻しておく。
・シュー生地の薄力粉と強力粉を合わせてふるう。クリームの薄力粉をふるう。ふるわないと生地もクリームもダマになりやすいので必ずふるうこと。
・ガスオーブンは200℃に予熱する（電気オーブンの予熱についてはP46参照）。
・天板に薄く油をぬり、強力粉（分量外）を全体に薄くはたき、直径5cmのセルクル型で10個分、等間隔にあとをつける。このとき、写真のように、型のあとが正三角形になるようにすると等間隔になる。

シュー生地を作る

1

バターを1cm角に切って鍋に入れ、水、塩、砂糖も加え中火にかける。

＊バターが溶けきらないうちに水が蒸発してしまうと、全体の水分量が変わってしまい、生地がうまく焼き上がらないので、バターは必ず小さく切る。

2

1を沸騰させる。

＊鍋のまわりがふつふつとなる程度ではなく、写真のように鍋全体から沸き上がってくる状態になるまで待つこと。このときの温度が低いと生地ののびが悪くなる。

3

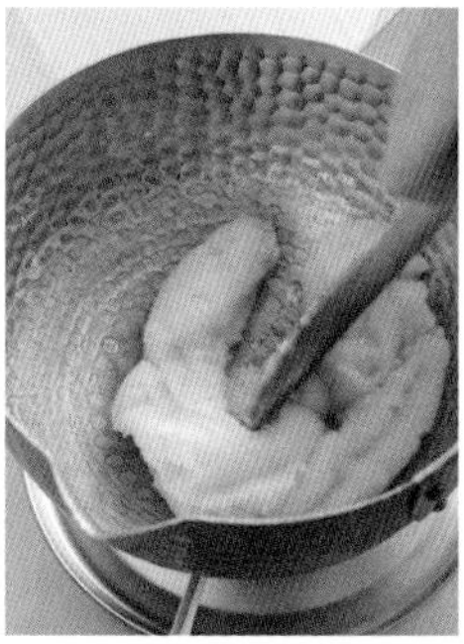

2にふるっておいた粉を一気に加えたら、すぐに火を止め、勢いよく木べらで鍋底から混ぜ合わせる。全体がまとまってきたら、再度中火にかけて、木べらで混ぜる。鍋の底に薄く皮膜が張るようになったら、すぐに火を止める。

4

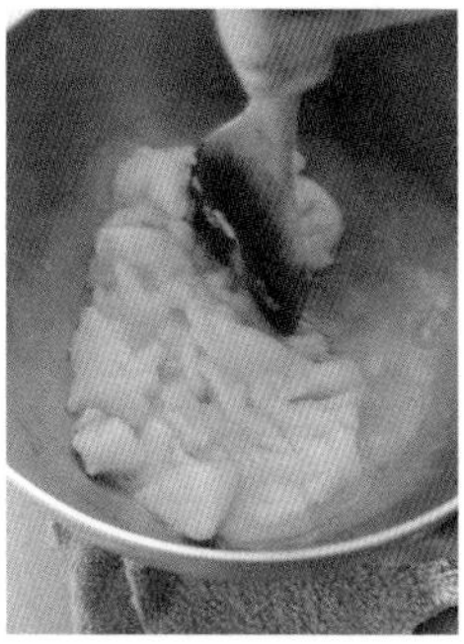

3をボウルに移し、溶き卵の半量を加える。最初は木べらで切るようにし、ある程度なじんだら練り混ぜる。

＊溶き卵全量を一気に入れると生地の温度が下がりすぎ、ふくらみが悪くなるので、まずは半量だけ入れること。

5

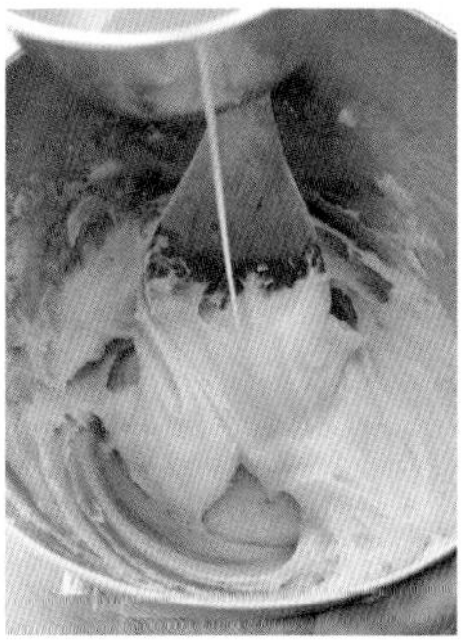

4に、残りの溶き卵を少しずつ加えながら、木べらで混ぜる。

＊卵を一気に入れて生地がゆるくなってしまったら元に戻せないので、少しずつ入れること。生地がゆるすぎると横に広がり、きれいな形にふくらまない。

6

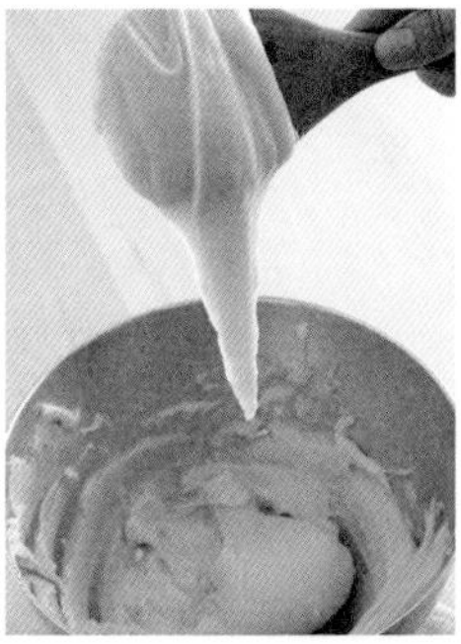

木べらで生地をたっぷりすくい、ゆっくりと下に落ちたあと、写真のように木べらからたれた生地が10cmくらいの三角形になったらOK。

＊もしも、溶き卵を全量入れても生地がかたい場合は、さらに、溶き卵を少しずつ加えてみる。もちろん反対に、卵全量を使いきらなくてもOK。

7

6の生地を星口をつけた絞り出し袋に詰め、天板に、5cmのうず状に10個絞り出す。

＊生地は絞ったときに人肌程度の温度だとよい。星口で絞り出すことで、よりいっそう、ざっくりした食感になる。
＊絞り出し位置と量、高さ、形をそろえると、焼き上がりの大きさも均一になる。

8

ぬれた手で、7の中心を軽く押さえ、ならす。

9

30cmくらい離れたところから霧吹きで水をたっぷりと吹き、予熱しておいたオーブンに素早く入れ、200℃で20分、その後、温度を180℃に下げて20分、さらに160℃で10分焼く。焼き上がるまでは絶対に扉を開けないこと。

10

焼き上がったシューの皮はケーキクーラーにのせて冷ます。

＊夏場など、湿気の多い時期は、粗熱がとれてから保存袋などに乾燥剤とともに入れたり、冷蔵庫で保存するなどして、皮のさくさく感を保つようにする。

ミルキーカスタードクリームを作る

11

ボウルに卵黄と砂糖を入れて、少し白っぽくなるまで泡立て器でよく混ぜ合わせる。

12

11に薄力粉を加えて、なめらかになるまでサッと泡立て器で混ぜる。

＊ここで混ぜすぎると粘りけが出るので、混ぜすぎないように注意する。

13

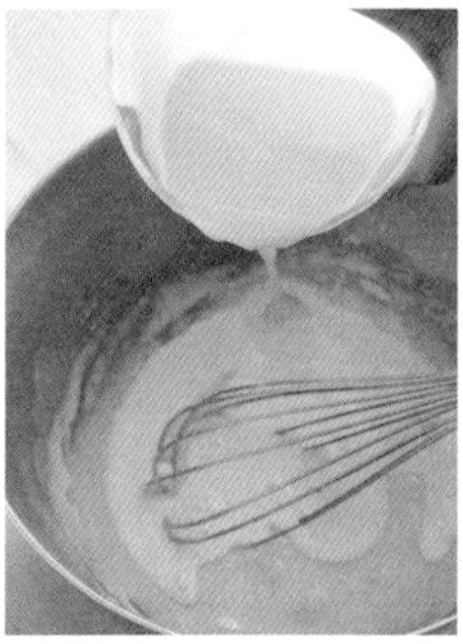

12にエバミルクを加え、泡立て器でサッと混ぜる。

14

バニラビーンズに、縦に包丁を入れて種をこそげ取る。

15

鍋に牛乳と14のバニラビーンズをさやとともに入れ、中火でまわりがふつふつとしてくるまで温める。

＊牛乳の温度が高すぎると、卵黄生地に加えたとき卵黄がかたまってしまうので、沸騰させないこと。また加熱しすぎて膜が張ってしまうと、その分脂肪分がなくなるので、この点にも注意。

16

13に少しずつ**15**を加えながら、泡立て器で混ぜる。

＊泡立て器で混ぜながら、少しずつ加えること。混ぜずに一気に加えると、熱で卵黄がかたまってしまうので注意。

17

16を鍋にざるでこし戻し、バニラビーンズのさやも入れて中火にかけ、鍋底からゴムべらで混ぜる。写真のようにとろみがついたら弱火にする。

＊クリームに熱が均一に入るよう、必ずかき混ぜながら、とろみがつくまで加熱すること。とろみは一気につくので、火から離れず、かき混ぜ続けること。

18

さらに底からかき混ぜ続け、ダマがなくなるまでなめらかにする。全体にまとまってつやが出てきて、下からボコッ、ボコッと沸くようになってから、さらに1分ほど加熱。写真のように重く、とろっとした感じになったらOK。

19

火を止めてバターを加え、ゴムべらで、バターが完全に溶けるまで混ぜる。さらにブランデーを加えて混ぜる。

＊バターを入れることで、クリームにコクとなめらかさが加わる。
＊ブランデーではなく、ラム酒、コアントロー（オレンジリキュール）、キルシュ（さくらんぼのリキュール）などでもOK。

20

19をバニラビーンズのさやごと容器に移し入れ、ラップをクリームに密着させてふたをする。氷水の上にのせ粗熱をとってから、冷蔵庫で冷やす。

＊ラップをぴたりと張りつけることで、乾燥だけでなく、ラップとクリームの間に水蒸気がたまるのを防ぐ。また、氷水で急冷することで雑菌の繁殖も防ぐ。

21

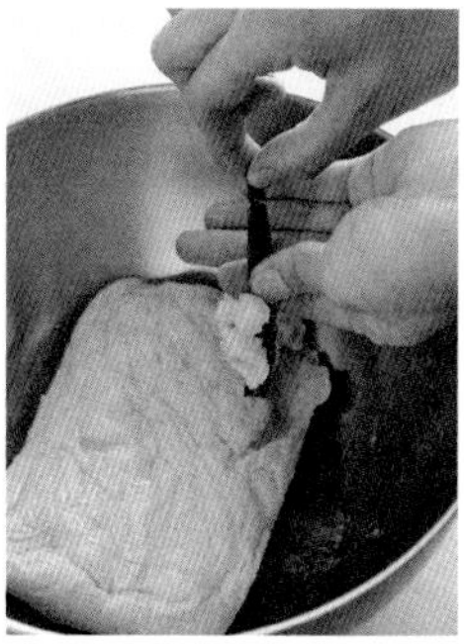

20のカスタードクリームをボウルに入れ、バニラビーンズのさやを取り出す。

＊寒い時期は冷蔵庫から出して、しばらくおいておくとよい。

22

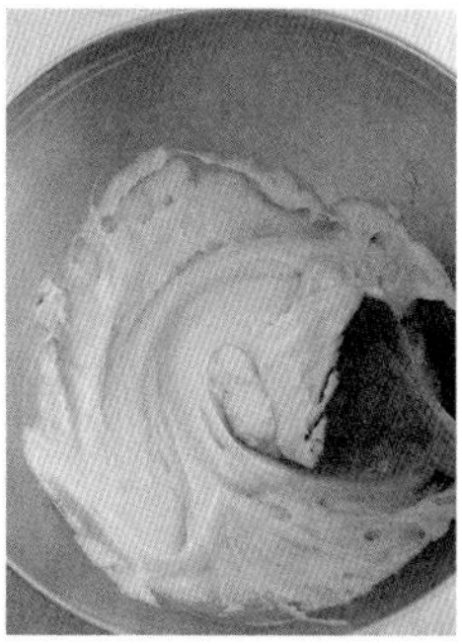

21を木べらで混ぜてなめらかにし、星口をつけた絞り出し袋に詰める。

＊冷蔵庫で冷えてかたまったクリームは、一度混ぜてなめらかにする。

23

仕上げる

10のシュー皮の上1/3に、包丁で切り目を入れ、**22**のクリームを絞り入れ、ふたをする。

＊シュークリームはクリームを詰めてすぐが一番おいしいので、食べる直前に絞り入れるのがおすすめ。

ざくばりシュー※ 濃厚カスタードクリーム

薄力粉と強力粉をほぼ同量ずつ配合し、バター多めのレシピで作る
フランス風の厚めでしっかりとしたシュー生地です。
ナッツをトッピングして、リズミカルな食感に。
クリームは、卵黄をあとからたっぷり加えて作る濃厚カスタードで

材料 直径約6.5cmのもの12個分

◎シュー生地
バター（無塩）………… 60g
水………… 60ml
牛乳………… 60ml
塩………… 小さじ⅛（約1g）
砂糖………… 小さじ½
薄力粉………… 35g
強力粉………… 40g
溶き卵………… 約2個分
溶き卵（表面にぬる用）
　………… 適量
アーモンドダイス
　（トッピング用）………… 適量

◎濃厚カスタードクリーム
薄力粉………… 60g
砂糖………… 120g
バニラビーンズ………… ⅔本
牛乳………… 480ml
卵黄………… 8個分
バター（無塩）………… 45g

下準備

・全卵は常温に戻しておく。
・シュー生地の薄力粉と強力粉を合わせてふるう。クリームの薄力粉をふるう。ふるわないと生地もクリームもダマになりやすいので必ずふるうこと。
・ガスオーブンは200℃に予熱する（電気オーブンの予熱についてはP46参照）。
・天板に薄く油をぬり、強力粉（分量外）を全体に薄くはたき、直径4.5cmのセルクル型で12個分、等間隔にあとをつける。このとき、写真のように、型のあとが正三角形になるようにすると等間隔になる。

シュー生地を作る

1

バターを1cm角に切って鍋に入れ、水、牛乳、塩、砂糖も加え中火にかける。

＊バターが溶けきらないうちに水が蒸発してしまうと、全体の水分量が変わってしまい、生地がうまく焼き上がらないので、バターは必ず小さく切る。

2

1を沸騰させる。

＊鍋のまわりがふつふつとなる程度ではなく、写真のように鍋全体から沸き上がってくる状態になるまで待つこと。このときの温度が低いと生地ののびが悪くなる。

3

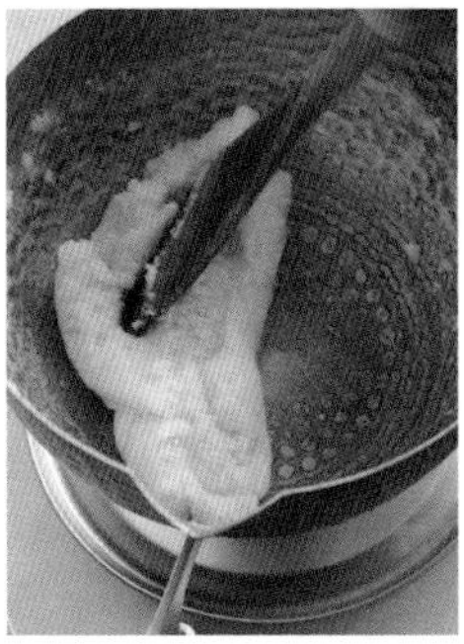

2にふるっておいた粉を一気に加えたら、すぐに火を止め、勢いよく木べらで鍋底から混ぜ合わせる。全体がまとまってきたら、再度中火にかけて、木べらで混ぜる。鍋の底に薄く皮膜が張るようになったら、すぐに火を止める。

4

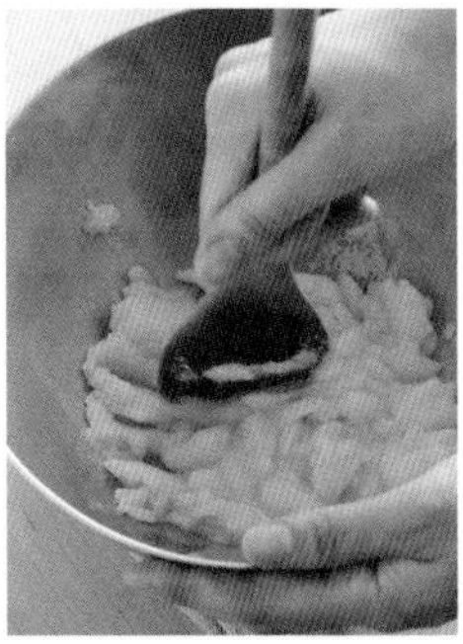

3をボウルに移し、溶き卵の半量を加える。最初は木べらで切るようにし、ある程度なじんだら練り混ぜる。

＊溶き卵全量を一気に入れると生地の温度が下がりすぎ、ふくらみが悪くなるので、まずは半量だけ入れること。

5

4に、残りの溶き卵を少しずつ加えながら、木べらで混ぜる。

＊卵を一気に入れて生地がゆるくなってしまったら元に戻せないので、少しずつ入れること。生地がゆるすぎると横に広がり、きれいな形にふくらまない。

6

木べらで生地をたっぷりすくい、ゆっくりと下に落ちたあと、写真のように木べらからたれた生地が10cmくらいの三角形になったらOK。

＊もしも、溶き卵を全量入れても生地がかたい場合は、さらに、溶き卵を少しずつ加えてみる。もちろん反対に、卵全量を使いきらなくてもOK。

7

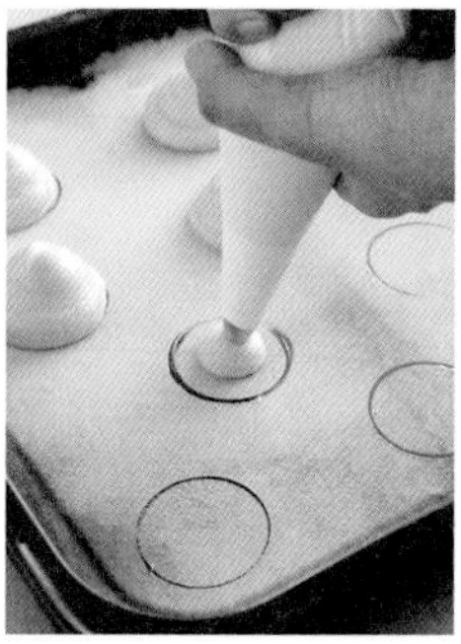

6の生地を直径1cmの丸口をつけた絞り出し袋に詰め、天板に、4.5cmの円形に12個絞り出す。

＊生地は絞ったときに人肌程度の温度だとよい。口金の位置を動かさずにこんもりと丸く絞ること。
＊絞り出し位置と量、高さ、形をそろえると、焼き上がりの大きさも均一になる。

8

ぬれた手で、7の中心を軽く押さえ、ならす。

9

溶き卵をハケで全体にたっぷりぬり、水でぬらしたフォークで表面に筋目をつける。

＊溶き卵をぬることで濃い焼き色がつき、生地をぱりっとさせることができる。
＊表面にフォークでスジをつけ生地のデコボコをならすことで、焼いたときに蒸気が抜けやすくなり、パリッと仕上がる。

10

9にアーモンドダイスをたっぷりのせる。

＊生地からこぼれるくらいのせることがポイント。表面にパラパラとのせる程度では、しっかりトッピングできません。
＊アーモンドダイスのほかに、グラニュー糖やカソナードなどでも合う。

11

30cmくらい離れたところから霧吹きで水をたっぷりと吹き、予熱しておいたオーブンに素早く入れ、200℃で20分、その後、温度を180℃に下げて15分、さらに150℃で30分焼く。焼き上がるまでは絶対に扉を開けないこと。

12

焼き上がったシューの皮はケーキクーラーにのせて冷ます。

＊夏場など、湿気の多い時期は、粗熱がとれてから保存袋などに乾燥剤とともに入れたり、冷蔵庫で保存するなどして、皮のさくさく感を保つようにする。

濃厚カスタードクリームを作る

13

ボウルに薄力粉と砂糖を入れ、泡立て器でよく混ぜ合わせる。

＊粉がダマになりやすいので、ここでよく混ぜ合わせること。

14

バニラビーンズに、縦に包丁を入れて種をこそげ取る。鍋に牛乳とバニラビーンズをさやとともに入れ、中火でまわりがふつふつとしてくるまで温める。

＊牛乳の温度が高すぎると、卵黄生地に加えたとき卵黄がかたまってしまうので、沸騰させないこと。また加熱しすぎて膜が張ってしまうと、その分脂肪分がなくなるので注意する。

15

13に少しずつ14を加えながら、泡立て器で混ぜる。

＊ダマにならないよう、泡立て器で混ぜながら少しずつ加えること。

16

15を鍋にざるでこし戻し、バニラビーンズのさやも戻し入れる。

17

16を中火にかけ、鍋底からゴムべらで混ぜる。写真のようにとろみがついたら弱火にする。

＊クリームに熱が均一に入るよう、必ずかき混ぜながら、とろみがつくまで加熱すること。とろみは一気につくので、火から離れず、かき混ぜ続けること。

18

さらに底からかき混ぜ続け、ダマがなくなるまでなめらかにする。全体にまとまってつやが出てきて、下からボコッ、ボコッと沸くようになってから、さらに2〜3分加熱。写真のように、とろっとした感じになったらOK。

19

火を止めて卵黄を加え、ゴムべらで混ぜたら、30秒ほど中火にかけながら混ぜる。

＊軽く火を通すことで、卵のくせをやわらげる。また、卵黄を後から入れることでクリームがとろりと重めに仕上がる。

20

火を止めてバターを加え、ゴムべらで、バターが完全に溶けるまで混ぜる。

＊バターを入れることで、クリームにコクとなめらかさが加わる。

21

20をバニラビーンズのさやごと容器に移し入れ、ラップをクリームに密着させてふたをする。氷水の上にのせ粗熱をとってから、冷蔵庫で冷やす。

＊ラップをぴたりと張りつけることで、乾燥だけでなく、ラップとクリームの間に水蒸気がたまるのを防ぐ。また、氷水で急冷することで雑菌の繁殖も防ぐ。

22

21のカスタードクリームをボウルに入れ、バニラビーンズのさやを取り出す。

＊寒い時期は冷蔵庫から出して、しばらくおいておくとよい。

23

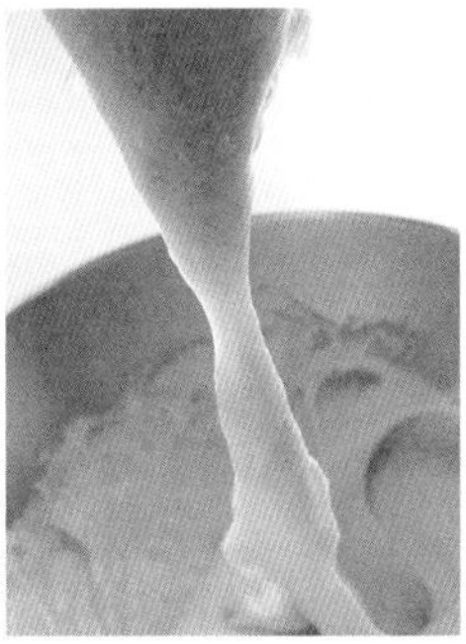

22を木べらで混ぜて、とろとろになるまでなめらかにし、直径7.5mm〜1cmの細めの丸口をつけた絞り出し袋に詰める。

＊冷蔵庫で冷えてかたまったクリームは、一度混ぜてなめらかにする。

24

仕上げる

12のシュー皮の底に箸で穴をあける。

25

24の底から23のクリームをたっぷり絞り入れる。

＊シュークリームはクリームを詰めてすぐが一番おいしいので、食べる直前に絞り入れるのがおすすめ。

基本のシュークリーム 4

ふんわりシュー ※ バニラ生クリーム

バニラ風味のホイップクリームをギュッと詰めた
「生クリームのシュークリームが好き！」という方のためのレシピです。
もこもこと雲のようにふくらんだ、見た目もかわいい軽やかな食べ心地。
薄力粉ベースの生地にサラダ油とベーキングパウダーを加えることで、生地が薄く仕上がり、
ふわふわでありながら、パリッとした食感も持たせました。
簡単アレンジでできる、ヨーグルトバニラクリームのレシピもご紹介します。

高さ6cm

材料 直径約7cmのもの8個分

◎シュー生地
バター（無塩）………… 10g
サラダ油………… 45g
水………… 65ml
塩………… ひとつまみ
薄力粉………… 50g
ベーキングパウダー ………… 小さじ½
溶き卵………… 約2個分
◎バニラ生クリーム
生クリーム（脂肪分40%以上）………… 300ml
バニラビーンズ………… ½本
砂糖………… 大さじ2〜3
粉糖（仕上げ用）………… 少々

下準備

・時間に余裕があれば、生クリームにバニラビーンズを入れて、ひと晩おく（作り方**11**〜**12**参照）。
・全卵は常温に戻しておく。
・シュー生地の薄力粉とベーキングパウダーを合わせてふるう。ふるわないと生地がダマになりやすいので必ずふるうこと。

・ガスオーブンは200℃に予熱する（電気オーブンの予熱についてはP46参照）。
・天板に薄く油をぬり、強力粉（分量外）を全体に薄くはたき、直径5.5cmのセルクル型で8個分、等間隔にあとをつける。このとき、写真のように、型のあとが正三角形になるようにすると等間隔になる。

シュー生地を作る

1

バターを1cm角に切って鍋に入れ、サラダ油、水、塩も加え中火にかける。

＊バターが溶けきらないうちに水が蒸発してしまうと、全体の水分量が変わってしまい、生地がうまく焼き上がらないので、バターは必ず小さく切る。

2

1を沸騰させる。

＊鍋のまわりがふつふつとなる程度ではなく、写真のように鍋全体から沸き上がってくる状態になるまで待つこと。このときの温度が低いと生地ののびが悪くなる。

3

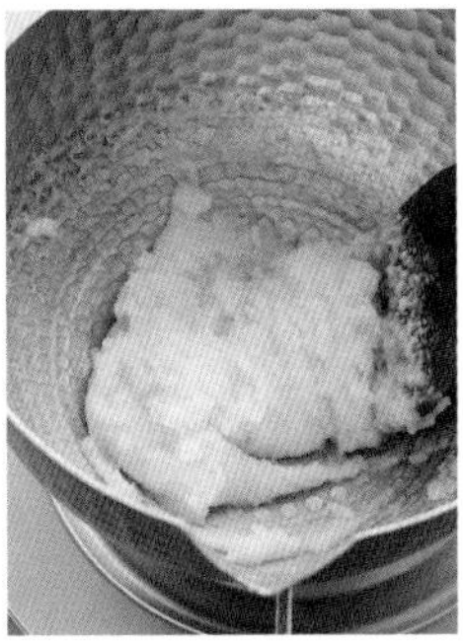

2にふるっておいた粉を一気に加えたら、すぐに火を止め、勢いよく木べらで鍋底から混ぜ合わせる。全体がまとまってきたら、再度中火にかけて20〜30秒、木べらで混ぜる。

＊サラダ油を加えた生地は、バターだけを加えた生地よりもゆるくてOK。

4

3をボウルに移し、溶き卵の半量を加える。最初は木べらで切るようにし、ある程度なじんだら練り混ぜる。

＊溶き卵全量を一気に入れると生地の温度が下がりすぎ、ふくらみが悪くなるので、まずは半量だけ入れること。

5

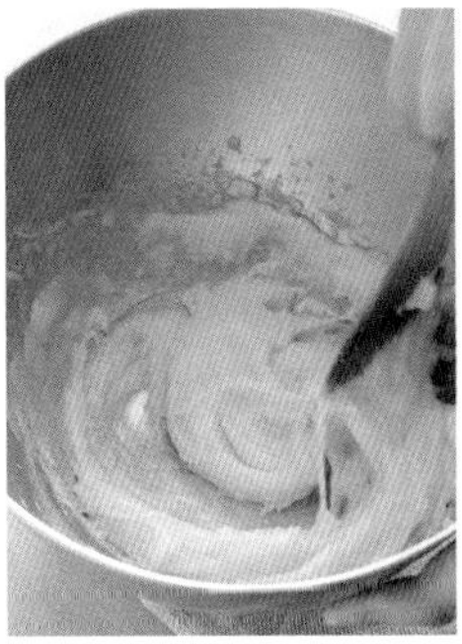

4に、残りの溶き卵を少しずつ加えながら、木べらで混ぜる。

＊卵を一気に入れて生地がゆるくなってしまったら元に戻せないので、少しずつ入れること。生地がゆるすぎると横に広がり、きれいな形にふくらまない。
＊サラダ油が入るので、乳化が起きにくく、少しブツブツが残る生地になるがOK。

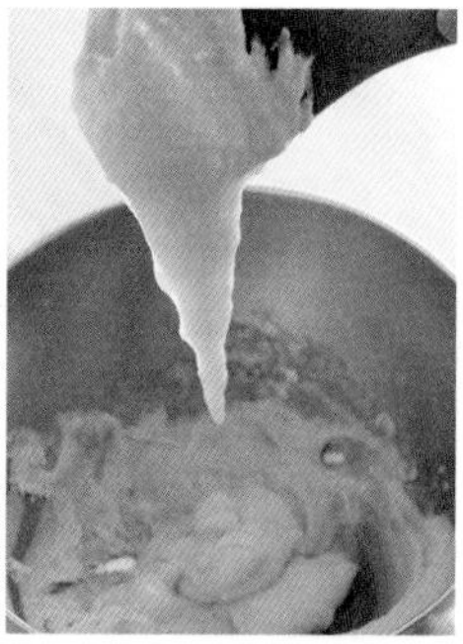

6

木べらで生地をたっぷりすくい、ゆっくりと下に落ちたあと、写真のように木べらからたれた生地が10cmくらいの三角形になったらOK。

＊もしも、溶き卵を全量入れても生地がかたい場合は、さらに、溶き卵を少しずつ加えてみる。もちろん反対に、卵全量を使いきらなくてもOK。

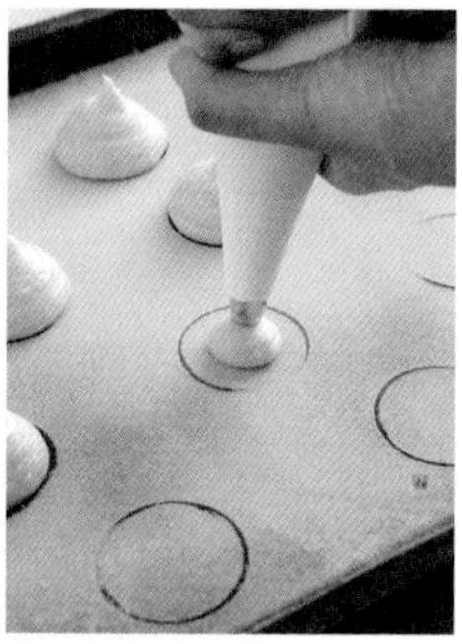

7

6の生地を直径1cmの丸口をつけた絞り出し袋に詰め、天板に、5.5cmの円形に8個絞り出す。

＊生地は絞ったときに人肌程度の温度だとよい。口金の位置を動かさず、こんもりと丸く絞ること。
＊絞り出し位置と量、高さ、形をそろえると、焼き上がりの大きさも均一になる。

8

ぬれた手で、7の中心を軽く押さえ、ならす。

9

30cmくらい離れたところから霧吹きで水をたっぷりと吹き、予熱しておいたオーブンに素早く入れ、200°Cで20分、その後、温度を180°Cに下げて15〜20分焼く。焼き上がるまでは絶対に扉を開けないこと。

10

焼き上がったシューの皮はケーキクーラーにのせて冷ます。

＊夏場など、湿気の多い時期は、粗熱がとれてから保存袋などに乾燥剤とともに入れたり、冷蔵庫で保存するなどして、皮のさくさく感を保つようにする。

バニラ生クリームを作る

11

バニラビーンズに、縦に包丁を入れて種をこそげ取る。

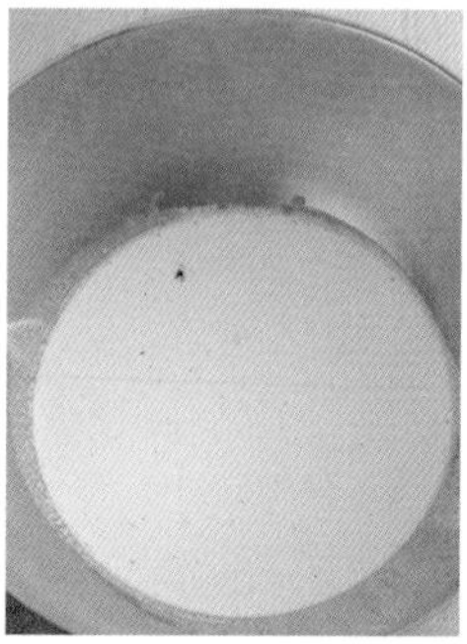

12

ボウルに生クリームと11のバニラビーンズをさやとともに入れ、ラップをして冷蔵庫でひと晩おく（時間がなければ、ここですぐ、生クリームにバニラビーンズと砂糖を加えて泡立てる）。

＊香りが強いのは、じつはさやのほうなので、さやごとひと晩おくことが大切。

13

12のボウルからさやを取り出し、砂糖を入れる。ボウルの底を氷水にあてながら、ハンドミキサーで八分立て（P63）に泡立てる。星口をつけた絞り出し袋に詰める。

仕上げる

14

10のシュー皮の上⅓に、包丁で切り目を入れる。

15

14に**13**のクリームを絞り入れ、ふたをする。

＊シュークリームはクリームを詰めてすぐが一番おいしいので、食べる直前に絞り入れるのがおすすめ。

16

15に、茶こしなどで粉糖をふりかける。

ヨーグルトバニラクリームの作り方

バニラ生クリームの半分をヨーグルトに変えれば、あっさり、さっぱりしたクリームにアレンジできます。暑い季節や、さっぱりしたシュークリームがお好きな方におすすめ。

材料

生クリーム（脂肪分40％以上）…………150ml
バニラビーンズ…………½本
プレーンヨーグルト（無糖）…………500g
砂糖…………大さじ3

作り方

1. ボウルに生クリームと種をこそげ取ったバニラビーンズをさやとともに入れ、冷蔵庫でひと晩おく。
2. ヨーグルトをペーパータオルを敷いたざるの上にのせる。ざるの下には、ボウルを重ねる。ラップをかけて冷蔵庫に入れ、ひと晩おき200gにする。
3. **1**のボウルからさやを取り出し、砂糖を入れる。ボウルの底を氷水にあて、ハンドミキサーで九分立て（P63）に泡立てる。**2**を加え、ゴムべらでよく混ぜ合わせる。

基本のシュークリーム 5

やわらかシュー ※生クリームリッチカスタード

小麦粉は薄力粉100%、油脂はサラダ油のみで作る、ソフトなシュー生地。
あっさりした味わいと、やわやわな食感は、なんとも懐かしい味わい。
クリームは、カスタードクリームに、ふんわり泡立てたホイップクリームを多めに合わせて、
ふわっと仕上げました。やや小ぶりに焼き上げます。

材料 直径約6cmのもの12個分

◎シュー生地

サラダ油………50g
水………100ml
塩………ひとつまみ
薄力粉………50g
溶き卵………約2個分

◎生クリームリッチカスタード

卵黄………2個分
砂糖………50g
薄力粉………20g
牛乳………200ml
バニラビーンズ………⅓本
バター（無塩）………15g
生クリーム（脂肪分40%以上）………140ml
砂糖………大さじ1

下準備

・全卵は常温に戻しておく。
・シュー生地とクリームの薄力粉をそれぞれふるう。ふるわないと生地もクリームもダマになりやすいので必ずふるうこと。
・ガスオーブンは200℃に予熱する（電気オーブンの予熱についてはP46参照）。
・天板に薄く油をぬり、強力粉（分量外）を全体に薄くはたき、直径4.5cmのセルクル型で12個分、等間隔にあとをつける。このとき、写真のように、型のあとが正三角形になるようにすると等間隔になる。

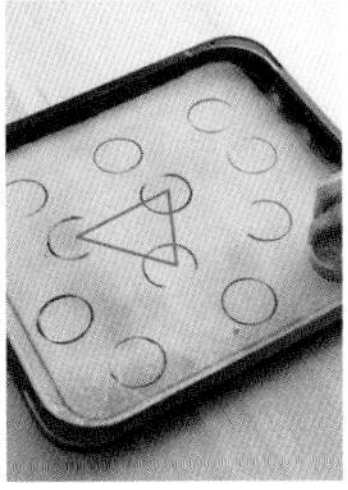

シュー生地を作る

1

鍋に水、塩、サラダ油を入れ中火にかける。

＊生地の油脂をサラダ油だけにすることで、ふわっとした食感と軽やかな口あたりになる。

2

1を沸騰させる。

＊鍋のまわりがふつふつとなる程度ではなく、写真のように鍋全体から沸き上がってくる状態になるまで待つこと。このときの温度が低いと生地ののびが悪くなる。

3

2にふるっておいた粉を一気に加えたら、すぐに火を止め、勢いよく木べらで鍋底から混ぜ合わせる。全体がまとまってきたら、再度中火にかけて20～30秒、木べらで混ぜ合わせる。

＊サラダ油を加えた生地は、バターだけを加えた生地よりもゆるくてOK。

4

3をボウルに移し、溶き卵の半量を加える。最初は木べらで切るようにし、ある程度なじんだら練り混ぜる。

＊溶き卵全量を一気に入れると生地の温度が下がりすぎ、ふくらみが悪くなるので、まずは半量だけ入れること。

5

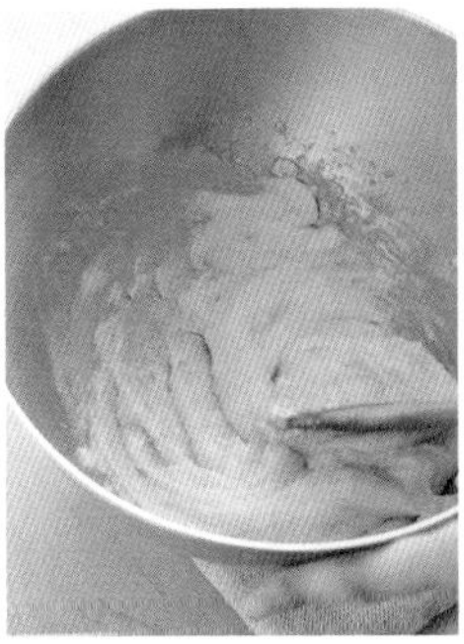

4に、残りの溶き卵を少しずつ加えながら、木べらで混ぜる。

＊卵を一気に入れて生地がゆるくなってしまったら元に戻せないので、少しずつ入れること。生地がゆるすぎると横に広がり、きれいな形にふくらまない。
＊サラダ油が入るので、乳化が起きにくく、少しブツブツが残る生地になるがOK。

6

木べらで生地をたっぷりすくい、ゆっくりと下に落ちたあと、写真のように木べらからたれた生地が10cmくらいの三角形になったらOK。

*もしも、溶き卵を全量入れても生地がかたい場合は、さらに、溶き卵を少しずつ加えてみる。もちろん反対に、卵全量を使いきらなくてもOK。

7

6の生地を直径1cmの丸口をつけた絞り出し袋に詰め、天板に、4.5cmの円形に12個絞り出す。

*生地は絞ったときに人肌程度の温度だとよい。口金の位置を動かさず、こんもりと丸く絞ること。
*絞り出し位置と量、高さ、形をそろえると、焼き上がりの大きさも均一になる。

8

ぬれた手で、7の中心を軽く押さえ、ならす。

9

30cmくらい離れたところから霧吹きで水をたっぷりと吹き、予熱しておいたオーブンに素早く入れ、200℃で10分、その後、温度を170℃に下げて20分、さらに150℃で20分焼く。焼き上がるまでは絶対に扉を開けないこと。

10

焼き上がったシューの皮はケーキクーラーにのせて冷ます。

*夏場など、湿気の多い時期は、粗熱がとれてから保存袋などに入れ、冷蔵庫で保存するとよい。

生クリームリッチカスタードを作る

11

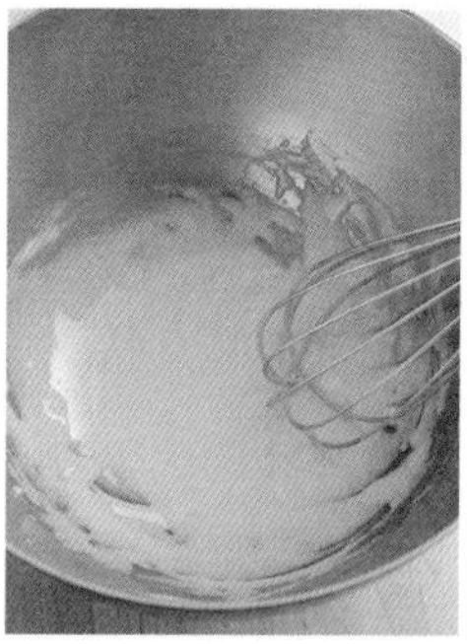

カスタードクリームを作る。ボウルに卵黄と砂糖を入れて、少し白っぽくなるまで泡立て器でよく混ぜ合わせる。

12

11に薄力粉を加えて、なめらかになるまでサッと泡立て器で混ぜる。

*ここで混ぜすぎると粘りけが出るので、混ぜすぎないように注意する。

13

バニラビーンズに、縦に包丁を入れて種をこそげ取る。

14

鍋に牛乳と13のバニラビーンズをさやとともに入れ、中火でまわりがふつふつとしてくるまで温める。

*牛乳の温度が高すぎると、卵黄生地に加えたとき卵黄がかたまってしまうので、沸騰させないこと。また加熱しすぎて膜が張ってしまうと、その分脂肪分がなくなるので、この点にも注意。

15

12に少しずつ14を加えながら、泡立て器で混ぜる。

*泡立て器で混ぜながら、少しずつ加えること。混ぜずに一気に加えると、熱で卵黄がかたまってしまう。

16

15を鍋にざるでこし戻す。

17
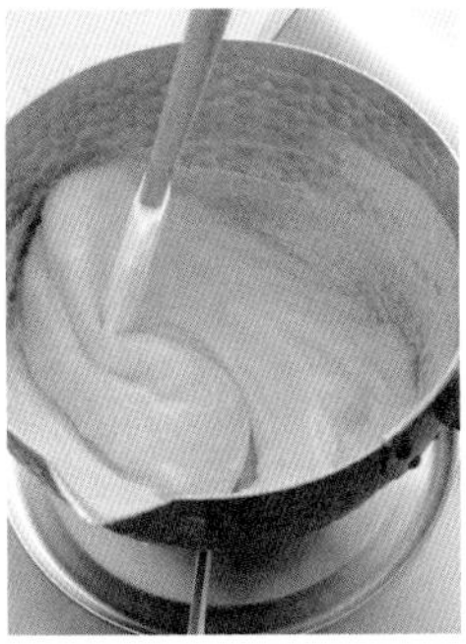

バニラビーンズのさやも戻し入れて中火にかけ、鍋底からゴムべらで混ぜる。写真のようにとろみがついたら弱火にする。

＊クリームに熱が均一に入るよう、必ずかき混ぜながら、とろみがつくまで加熱すること。とろみは一気につくので、火から離れず、かき混ぜ続けること。

18

さらに底からかき混ぜ続け、ダマがなくなるまでなめらかにする。全体にまとまってつやが出てきて、下からボコッ、ボコッと沸くようになってから、さらに1分ほど加熱。写真のように重く、とろっとした感じになったらOK。

19
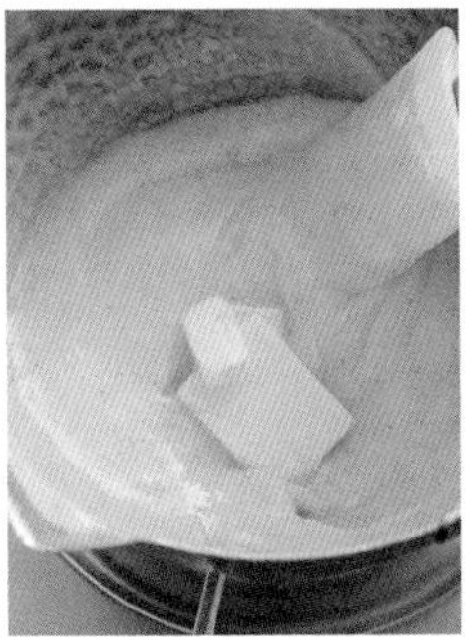

火を止めてバターを加え、ゴムべらで、バターが完全に溶けるまで混ぜる。

＊バターを入れることで、クリームにコクとなめらかさが加わる。

20

19をバニラビーンズのさやごと容器に移し入れ、ラップをクリームに密着させてふたをする。氷水の上にのせ粗熱をとってから、冷蔵庫で冷やす。

＊ラップをぴたりと張りつけることで、乾燥だけでなく、ラップとクリームの間に水蒸気がたまるのを防ぐ。また、氷水で急冷することで雑菌の繁殖も防ぐ。

21
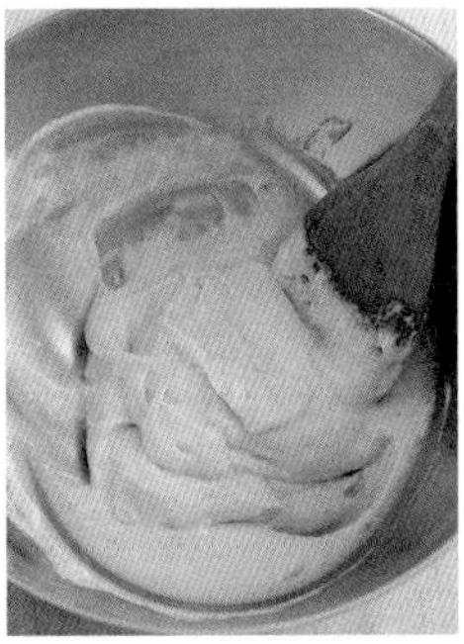

20のクリームをボウルに入れ、バニラビーンズのさやを取り出す。木べらで混ぜてなめらかにする。

＊冷蔵庫で冷えてかたまったクリームは、一度混ぜてなめらかにする。寒い時期は冷蔵庫から出して、しばらくおいておくとよい。

22
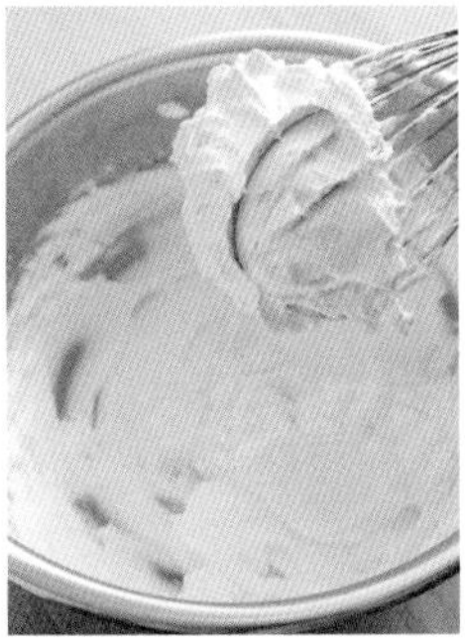

ホイップクリームを作る。別のボウルに生クリームと砂糖を入れ、ボウルの底を氷水にあてながら、ハンドミキサーで九分立て（P63）に泡立てる。

＊生クリームはしっかりと泡立てる。ただし分離しないように注意すること。

23

21のカスタードクリームに22のホイップクリームを加え、ゴムべらで底からざっくりと混ぜ合わせる。混ぜすぎないこと。直径1cmの丸口をつけた絞り出し袋に詰める。

＊混ぜすぎるとふんわりした食感がなくなってしまうため、写真のように、生クリームのスジが残る程度でOK。

24
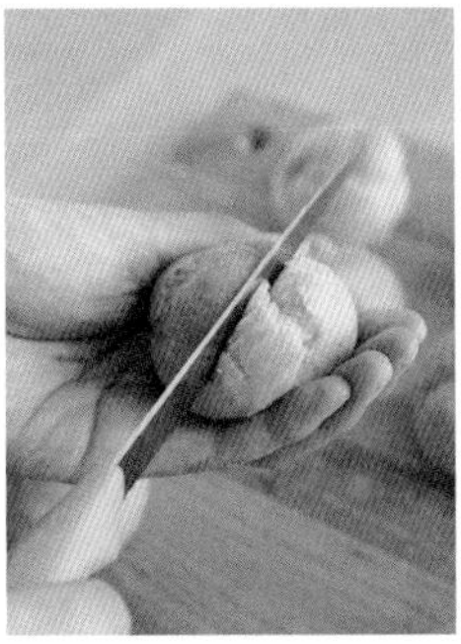

仕上げる

10のシュー皮に、縦に包丁で切り目を入れる。

25
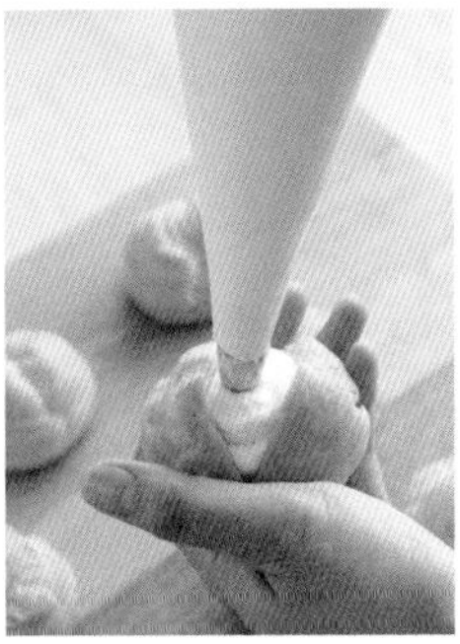

24に、23のクリームを絞り入れる。

＊シュークリームはクリームを詰めてすぐが一番おいしいので、食べる直前に絞り入れるのがおすすめ。

基本のシュークリーム 6

クッキーシュー ※ シンプルカスタードクリーム

ベースのシュー皮は、強力粉を配合し、塩味をきかせたややハードな食感。
バターもたっぷり使ってリッチなタイプです。
上にクッキー生地をのせて、かりかりっとさせ、味と歯ごたえにアクセントをつけました。
シューの皮にインパクトがあるので、中に詰めるクリームは、軽めのカスタードクリームにし、バランスよくまとめています。

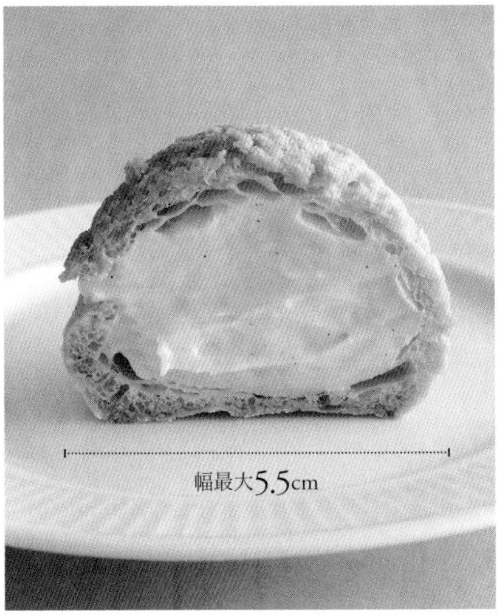

材料 直径約5.5cmのもの12個分

◎クッキー生地
バター（無塩）………30g
粉糖………20g
薄力粉………30g
塩………3つまみ

◎シュー生地
バター（無塩）………55g
水………100ml
塩………小さじ⅛（約1g）
砂糖………小さじ½
薄力粉………40g
強力粉………20g
溶き卵………約2個分

◎シンプルカスタードクリーム
卵黄………4個分
砂糖………80g
薄力粉………40g
牛乳………400ml
バニラビーンズ………½本
バター（無塩）………20g

下準備

・全卵は常温に戻しておく。
・クッキー生地用のバターは常温に戻しておく。
・クッキー生地とクリームの薄力粉をそれぞれふるう。シュー生地の薄力粉と強力粉は、合わせてふるう。ふるわないと生地もクリームもダマになりやすいので必ずふるうこと。
・ガスオーブンは200℃に予熱する（電気オーブンの予熱についてはP46参照）。
・天板に薄く油をぬり、強力粉（分量外）を全体に薄くはたき、直径4.5cmのセルクル型で12個分、等間隔にあとをつける。このとき、写真のように、型のあとが正三角形になるようにすると等間隔になる。

クッキー生地を作る

1

ボウルに室温に戻したバターと粉糖を入れ、泡立て器で白っぽくなるまで混ぜる。ふるった薄力粉と塩を入れてゴムべらで混ぜ合わせる。

2

1を直径3cmの棒状にまとめてラップに包み、冷蔵庫で2時間ほど冷やす。

＊あとで、薄く切りやすいように冷蔵庫で寝かせておく。

シュー生地を作る

3

バターを1cm角に切って鍋に入れ、水、塩、砂糖も加え中火にかける。

＊バターが溶けきらないうちに水が蒸発してしまうと、全体の水分量が変わってしまい、生地がうまく焼き上がらないので、バターは必ず小さく切る。

4

3を沸騰させる。

＊鍋のまわりがふつふつとなる程度ではなく、写真のように鍋全体から沸き上がってくる状態になるまで待つこと。このときの温度が低いと生地ののびが悪くなる。

5

4に、ふるっておいた粉を一気に加えたら、すぐに火を止め、勢いよく木べらで鍋底から混ぜ合わせる。全体がまとまってきたら、再度中火にかけて、木べらで混ぜる。鍋の底に薄く皮膜が張るようになったら、すぐに火を止める。

6

5をボウルに移し、溶き卵の半量を加える。最初は木べらで切るようにし、ある程度なじんだら練り混ぜる。

＊溶き卵全量を一気に入れると生地の温度が下がりすぎ、ふくらみが悪くなるので、まずは半量だけ入れること。

7

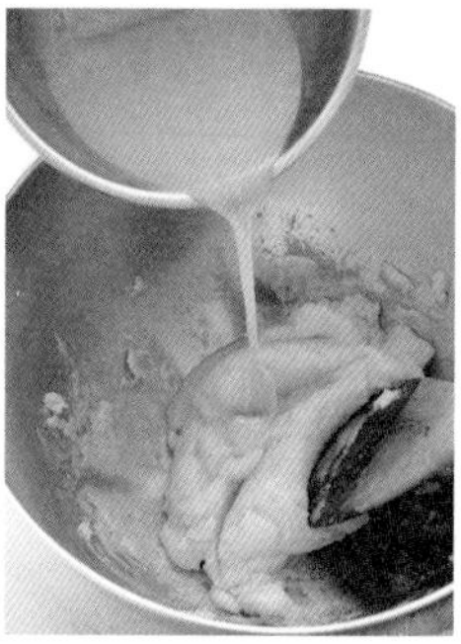

6に残りの溶き卵を少しずつ加えながら、木べらで混ぜる。

＊卵を一気に入れて生地がゆるくなってしまったら元に戻せないので、少しずつ入れること。生地がゆるすぎると、上にクッキー生地をのせたとき横に広がってしまうので注意。

8

木べらで生地をたっぷりすくい、ゆっくりと下に落ちたあと、写真のように木べらからたれた生地が10cmくらいの三角形になったらOK。

＊もしも、溶き卵を全量入れても生地がかたい場合は、さらに、溶き卵を少しずつ加えてみる。もちろん反対に、卵全量を使いきらなくてもOK。

9

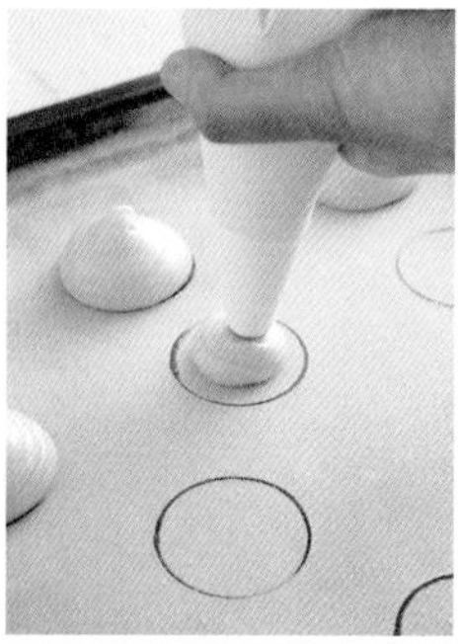

8の生地を直径1cmの丸口をつけた絞り出し袋に詰め、天板に、4.5cmの円形に12個絞り出す。

＊生地は絞ったときに人肌程度の温度だとよい。口金の位置を動かさず、こんもりと丸く絞ること。
＊絞り出し位置と量、高さ、形をそろえると、焼き上がりの大きさも均一になる。

10

30cmくらい離れたところから霧吹きで水をたっぷりと吹く。

＊水を吹きつけることにより、シュー生地がオーブンの熱で焼きかためられる速度が遅くなり、その分生地ののびがよくなり、大きくふくれる。

11

冷蔵庫で冷やしておいた2のクッキー生地を12等分の輪切りにする。

12

10のシュー生地の上に11を1枚ずつのせる。
予熱しておいたオーブンに素早く入れ、200℃で20分、その後、温度を180℃に下げて15分、さらに160℃で20分焼く。焼き上がるまでは絶対に扉を開けないこと。

13

焼き上がったシューの皮はケーキクーラーにのせて冷ます。

＊夏場など、湿気の多い時期は、粗熱がとれてから保存袋などに乾燥剤とともに入れたり、冷蔵庫で保存するなどして、皮のさくさく感を保つようにする。

シンプル カスタードクリームを作る

14

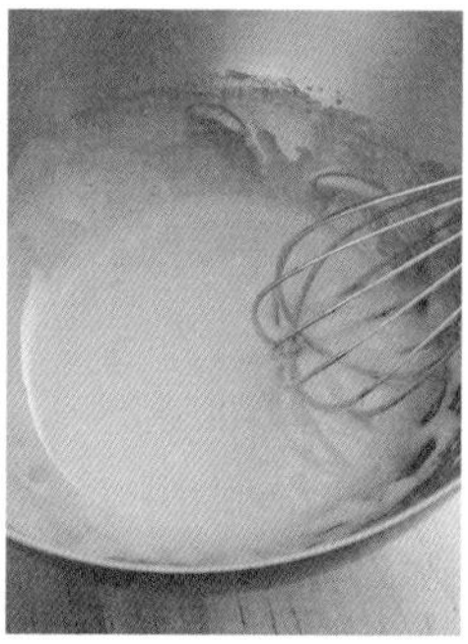

ボウルに卵黄と砂糖を入れて、少し白っぽくなるまで泡立て器でよく混ぜ合わせる。

15

14に薄力粉を加えて、なめらかになるまでサッと泡立て器で混ぜる。

＊ここで混ぜすぎると粘りけが出るので、混ぜすぎないように注意する。

16

バニラビーンズに、縦に包丁を入れて種をこそげ取る。鍋に牛乳とバニラビーンズをさやとともに入れ、中火でまわりがふつふつとしてくるまで温める。

＊牛乳の温度が高すぎると、卵黄生地に加えたとき卵黄がかたまってしまうので、沸騰させないこと。また加熱しすぎて膜が張ってしまうと、その分脂肪分がなくなるので注意。

17

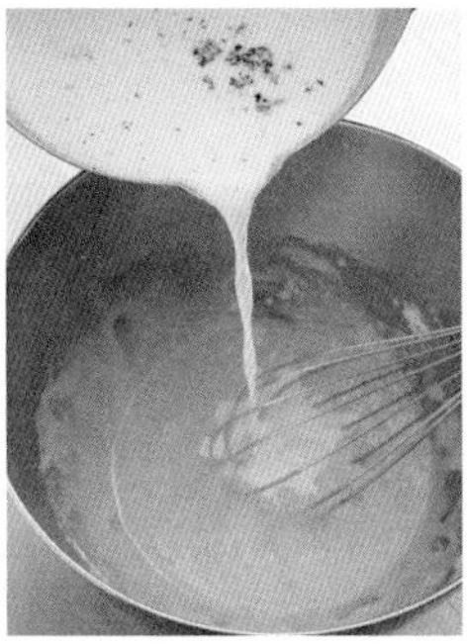

15に少しずつ16を加えながら、泡立て器で混ぜる。

＊泡立て器で混ぜながら、少しずつ加えること。混ぜずに一気に加えると、熱で卵黄がかたまってしまう。

18

17を鍋にざるでこし戻す。

19

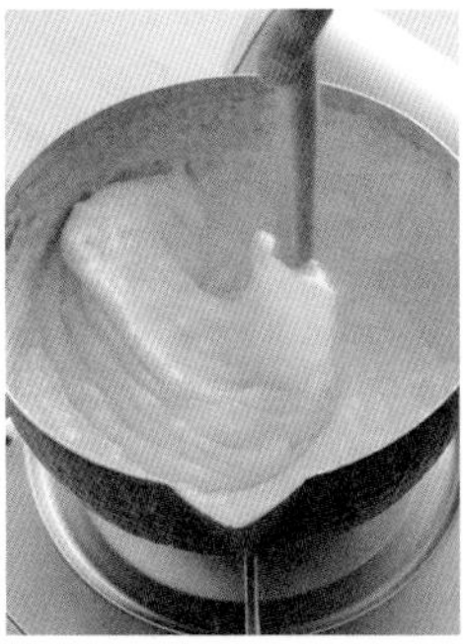

バニラビーンズのさやも戻し入れて中火にかけ、鍋底からゴムべらで混ぜる。写真のようにとろみがついたら弱火にする。

＊クリームに熱が均一に入るよう、必ずかき混ぜながら、とろみがつくまで加熱すること。とろみは一気につくので、火から離れず、かき混ぜ続けること。

20

さらに底からかき混ぜ続け、ダマがなくなるまでなめらかにする。全体にまとまってつやが出てきて、下からボコッ、ボコッと沸くようになってから、さらに1分ほど加熱。写真のように重く、とろっとした感じになったらOK。

21

火を止めてバターを加え、ゴムべらで、バターが完全に溶けるまで混ぜる。

＊バターを入れることで、クリームにコクとなめらかさが加わる。

22

21をバニラビーンズのさやごと容器に移し入れ、ラップをクリームに密着させてふたをする。氷水の上にのせ粗熱をとってから、冷蔵庫で冷やす。

＊ラップをぴたりと張りつけることで、乾燥だけでなく、ラップとクリームの間に水蒸気がたまるのを防ぐ。また、氷水で急冷することで雑菌の繁殖も防ぐ。

23

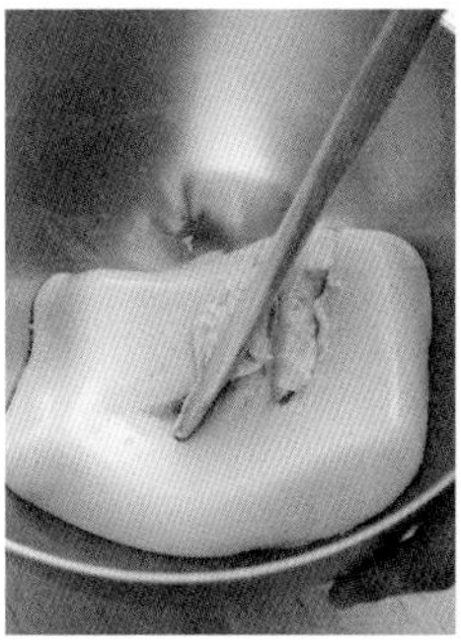

22のカスタードクリームをボウルに入れ、バニラビーンズのさやを取り出す。

＊寒い時期は冷蔵庫から出して、しばらくおいておくとよい。

24

23を木べらで混ぜてなめらかにし、直径1cmの丸口をつけた絞り出し袋に詰める。

＊冷蔵庫で冷えてかたまったクリームは、一度混ぜてなめらかにする。

25

仕上げる

13のシュー皮の上1/3に、包丁で切り目を入れ、24のクリームを絞り入れて、ふたをする。

＊シュークリームはクリームを詰めてすぐが一番おいしいので、食べる直前に絞り入れるのがおすすめ。

パイシュー ※ ツインクリーム

パイで包んだシュー皮は、バターの香りが豊かでリッチな味わい。
パイとのバランスをとるために、シュー生地は、サラダ油を使った軽めの生地に。
サクサクとして、かつパリッとしたふたつの食感も魅力です。
クリームは、とろとろのカスタードクリームと、ふんわりホイップクリームを、
混ぜずに別々に絞り出して詰めるツインクリーム。味わいも見た目も豪華です。

材料 直径約6.5cmのもの12個分

◎シュー生地
- バター（無塩）………… 20g
- サラダ油………… 20g
- 水………… 50ml
- 牛乳………… 50ml
- 塩………… ひとつまみ
- 薄力粉………… 60g
- 溶き卵………… 約2個分
- 冷凍パイシート（20×20cm）………… 1⅓枚
- 溶き卵（表面に塗る用）………… 適量

◎ツインクリーム

カスタードクリーム
- 卵黄………… 3個分
- 砂糖………… 55g
- 薄力粉………… 25g
- バニラビーンズ………… ⅓本
- 牛乳………… 250ml
- バター（無塩）………… 15g

ホイップクリーム
- 生クリーム（脂肪分40％以上）………… 130ml
- 砂糖………… 小さじ½

下準備

・パイシートは解凍し、強力粉（分量外。なければ薄力粉でもよい）をはたいた作業台の上で1枚を9つに切ったものを12枚用意し、直前まで冷やしておく。

＊裏面に強力粉をつけておくことで、あとで作業がしやすくなる。

・全卵は常温に戻しておく。

・シュー生地とクリームの薄力粉をそれぞれふるう。ふるわないと生地もクリームもダマになりやすいので必ずふるうこと。

・ガスオーブンは200℃に予熱する（電気オーブンの予熱についてはP46参照）。

・天板にオーブンシートを敷く。

シュー生地を作る

1 バターを1cm角に切って鍋に入れ、サラダ油、水、牛乳、塩も加え中火にかける。

＊バターが溶けきらないうちに水が蒸発してしまうと、全体の水分量が変わってしまい、生地がうまく焼き上がらないので、バターは必ず小さく切る。

2 1を沸騰させる。

＊鍋のまわりがふつふつとなる程度ではなく、写真のように鍋全体から沸き上がってくる状態になるまで待つこと。このときの温度が低いと生地ののびが悪くなる。

3 2にふるっておいた粉を一気に加えたら、すぐに火を止め、勢いよく木べらで鍋底から混ぜ合わせる。全体がまとまってきたら、再度中火にかけて、木べらで混ぜる。

4 3をボウルに移し、溶き卵の半量を加える。最初は木べらで切るようにし、ある程度なじんだら練り混ぜる。

＊溶き卵全量を一気に入れると生地の温度が下がりすぎ、ふくらみが悪くなるので、まずは半量だけ入れること。

5 4に、残りの溶き卵を少しずつ加えながら、木べらで混ぜる。

＊卵を一気に入れて生地がゆるくなってしまったら元に戻せないので、少しずつ入れること。生地がゆるすぎると横に広がり、きれいな形にふくらまないので注意。

＊サラダ油が入るので、乳化が起きにくく、少しブツブツが残る生地になるがOK。

6

木べらで生地をたっぷりすくい、ゆっくりと下に落ちたあと、写真のように木べらからたれた生地が10cmくらいの三角形になったらOK。

*もしも、溶き卵を全量入れても生地がかたい場合は、さらに、溶き卵を少しずつ加えてみる。もちろん反対に、卵全量を使いきらなくてもOK。

7

切り分けたパイ生地を天板にのせる。**6**の生地を直径1cmの丸口をつけた絞り出し袋に詰め、パイ生地の上に、12等分に絞り出す。

*生地は絞ったときに人肌程度の温度だとよい。口金の位置を動かさず、こんもりと丸く絞ること。

8

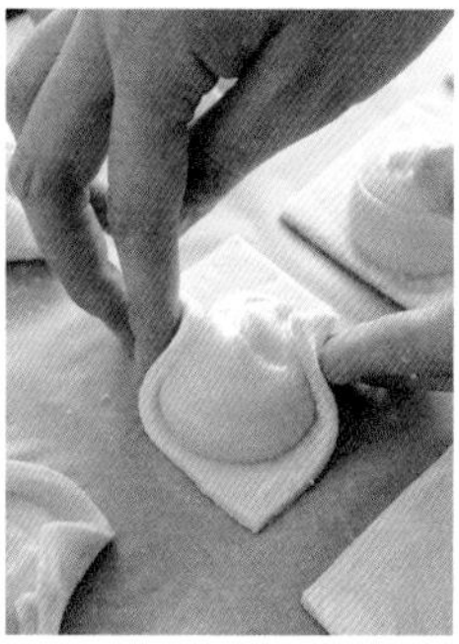

7のパイ生地の角をそれぞれ上に折り曲げ、シュー生地にくっつける。

*生地がだれないうちに素早く作業するのがポイント。

9

8の表面に、溶き卵をハケでぬり、予熱しておいたオーブンに素早く入れ、200℃で20分、その後、温度を180℃に下げて20分、さらに160℃で10分焼く。焼き上がるまでは絶対に扉を開けないこと。

*卵をぬることでつやが出て、焼き色もしっかりつく。

10

焼き上がったシューの皮はケーキクーラーにのせて冷ます。

*夏場など、湿気の多い時期は、粗熱がとれてから保存袋などに乾燥剤とともに入れたり、冷蔵庫で保存するなどして、皮のさくさく感を保つようにする。

カスタードクリームを作る

11

ボウルに卵黄と砂糖を入れて、少し白っぽくなるまで泡立て器でよく混ぜ合わせる。

12

11に薄力粉を加えてなめらかになるまでサッと泡立て器で混ぜる。

*ここで混ぜすぎると粘りけが出るので、混ぜすぎないように注意する。

13

バニラビーンズに、縦に包丁を入れて種をこそげ取る。

14

鍋に牛乳と**13**のバニラビーンズをさやとともに入れ、中火でまわりがふつふつとしてくるまで温める。

*牛乳の温度が高すぎると、卵黄生地に加えたとき卵黄がかたまってしまうので、沸騰させないこと。また加熱しすぎて膜が張ってしまうと、その分脂肪分がなくなるので、この点にも注意。

15

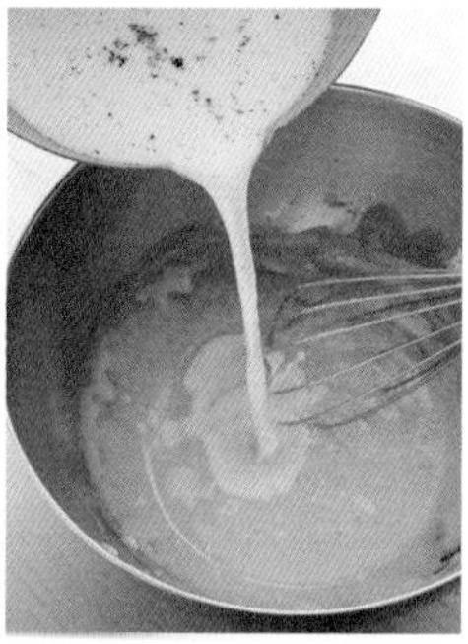

12に少しずつ**14**を加えながら、泡立て器で混ぜる。

*泡立て器で混ぜながら、少しずつ加えること。混ぜずに一気に加えると、熱で卵黄がかたまってしまう。

16

15を鍋にざるでこし戻す。

17

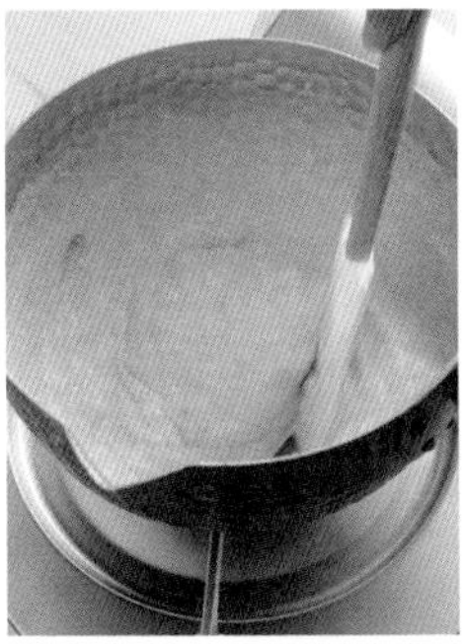

バニラビーンズのさやも戻し入れて中火にかけ、鍋底からゴムべらで混ぜる。写真のようにとろみがついたら弱火にする。

＊クリームに熱が均一に入るよう、必ずかき混ぜながら、とろみがつくまで加熱すること。とろみは一気につくので、火から離れず、かき混ぜ続けること。

18

さらに底からかき混ぜ続け、ダマがなくなるまでなめらかにする。全体的にまとまってつやが出てきて、下からボコッ、ボコッと沸くようになってから、さらに1分ほど加熱。写真のように重く、とろっとした感じになったらOK。

19

火を止めてバターを加え、ゴムべらで、バターが完全に溶けるまで混ぜる。

＊バターを入れることで、クリームにコクとなめらかさが加わる。

20

19をバニラビーンズのさやごと容器に移し入れ、ラップをクリームに密着させてふたをする。氷水の上にのせ、粗熱をとってから、冷蔵庫で冷やす。

＊ラップをぴたりと張りつけることで、乾燥だけでなく、ラップとクリームの間に水蒸気がたまるのを防ぐ。また、氷水で急冷することで雑菌の繁殖も防ぐ。

21

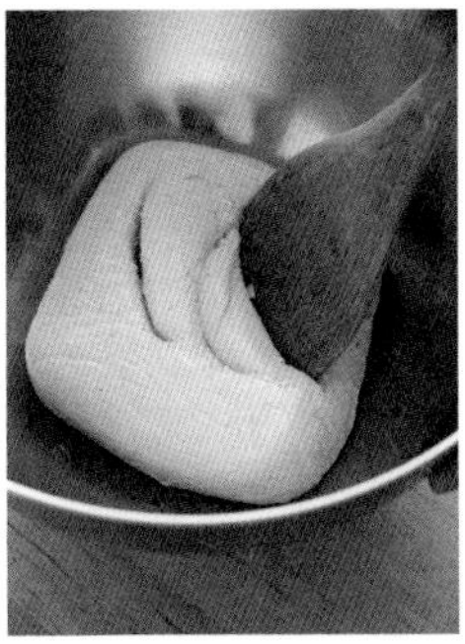

20のカスタードクリームをボウルに入れ、バニラビーンズのさやを取り出す。

＊寒い時期は冷蔵庫から出して、しばらくおいておくとよい。

22

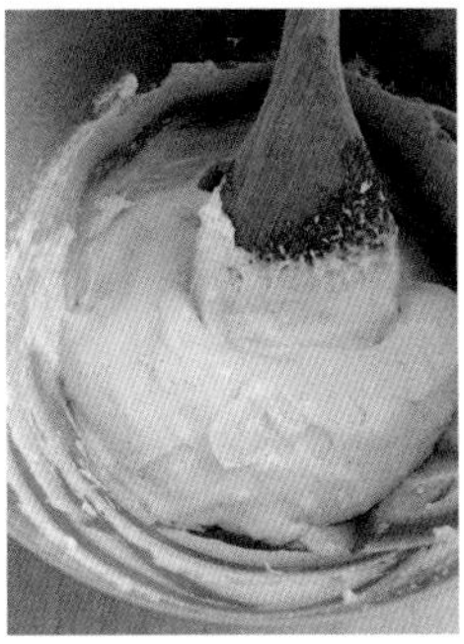

21を木べらで混ぜてなめらかにし、直径1cmの丸口をつけた絞り出し袋に詰める。

＊冷蔵庫で冷えてかたまったクリームは、一度混ぜてなめらかにする。

23

ホイップクリームを作る

別のボウルに生クリームと砂糖を入れて、ボウルの底を氷水にあてながら、ハンドミキサーで八分立て（P63）に泡立てる。星口をつけた絞り出し袋に詰める。

24

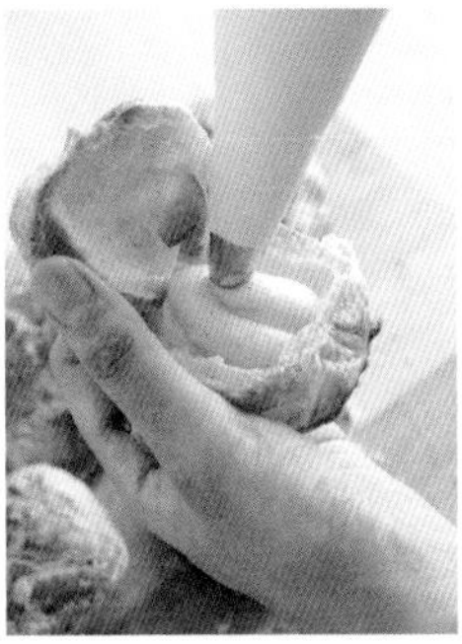

仕上げる

10のシュー皮の上1/3に、包丁で切り目を入れ、**22**のカスタードクリームを絞り入れる。

25

24のカスタードクリームの上に、**23**のホイップクリームを絞り入れ、ふたをする。

＊シュークリームはクリームを詰めてすぐが一番おいしいので、食べる直前に絞り入れるのがおすすめ。

基本のシュークリーム 8

さくパリ米粉シュー ※ とろとろカスタードクリーム

米粉100%で作ったシュー生地は、まわりはさくっ、パリッとしていながら、
中はもっちりという、独特の食感が魅力です。
中に詰めるクリームも、バニラエッセンスとコーンスターチを使って軽やかに、
繊細なテイストに仕上げました。どこか懐かしく、親しみのある味わいです。

材料 直径約7cmのもの8個分

◎シュー生地
バター（無塩）………40g
水………100ml
塩………ひとつまみ
米粉（製菓用）………50g
溶き卵………約2個分

◎とろとろカスタードクリーム
卵黄………4個分
砂糖………100g
コーンスターチ………30g
牛乳………400ml
バター（無塩）………15g
バニラエッセンス（またはバニラオイル）………少々

下準備

・全卵は常温に戻しておく。
・ガスオーブンは200℃に予熱する（電気オーブンの予熱についてはP46参照）。
・天板に薄く油をぬり、強力粉（分量外）を全体に薄くはたき、直径5.5cmのセルクル型で8個分、等間隔にあとをつける。

このとき、写真のように、型のあとが正三角形になるようにすると等間隔になる。
＊米粉とコーンスターチは粒子が細かいので、ふるわなくてもOK。

シュー生地を作る

1

バターを1cm角に切って鍋に入れ、水、塩も加え中火にかける。

＊バターが溶けきらないうちに水が蒸発してしまうと、全体の水分量が変わってしまい、生地がうまく焼き上がらないので、バターは必ず小さく切る。

2

1を沸騰させる。

＊鍋のまわりがふつふつとなる程度ではなく、写真のように鍋全体から沸き上がってくる状態になるまで待つこと。このときの温度が低いと生地ののびが悪くなる。

3

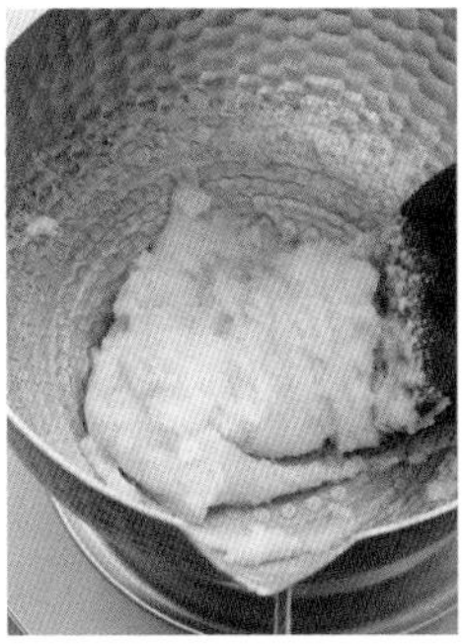

2に米粉を一気に加えたら、すぐに火を止め、勢いよく木べらで鍋底からよく混ぜ合わせる。全体がまとまってきたら、再度中火にかけて、10〜20秒混ぜる。

4

3をボウルに移し、溶き卵の¼量を加える。最初は木べらで切るようにし、ある程度なじんだら練り混ぜる。

＊米粉は小麦粉よりもダマになりやすいので、溶き卵は少量ずつ加えていきます。

5

4に、残りの溶き卵を少しずつ加えながら、木べらで混ぜる。

＊卵を一気に入れて生地がゆるくなってしまったら元に戻せないので、少しずつ入れること。生地がゆるすぎると横に広がり、きれいな形にふくらまない。

6
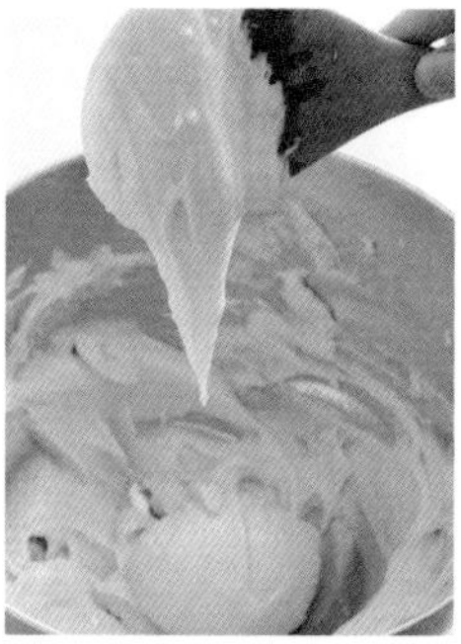

木べらで生地をたっぷりすくい、ゆっくりと下に落ちたあと、写真のように木べらからたれた生地が10cmくらいの三角形になったらOK。

＊もしも、溶き卵を全量入れても生地がかたい場合は、さらに、溶き卵を少しずつ加えてみる。もちろん反対に、卵全量を使いきらなくてもOK。

7

6の生地を直径1cmの丸口をつけた絞り出し袋に詰め、天板に、5.5cmの円形に8個絞り出す。

＊生地は絞ったときに人肌程度の温度だとよい。口金の位置を動かさず、こんもりと丸く絞り出すこと。
＊絞り出し位置と量、高さ、形をそろえると、焼き上がりの大きさも均一になる。

8

ぬれた手で、7の中心を軽く押さえ、ならす。

9

30cmくらい離れたところから霧吹きで水をたっぷりと吹き、予熱しておいたオーブンに素早く入れ、200℃で20分、その後、温度を180℃に下げて15〜20分、さらに160℃で10分焼く。焼き上がるまでは絶対に扉を開けないこと。

10

焼き上がったシューの皮はケーキクーラーにのせて冷ます。

＊夏場など、湿気の多い時期は、粗熱がとれてから保存袋などに乾燥剤とともに入れたり、冷蔵庫で保存するなどして、皮のさくさく感を保つようにする。
＊米粉で作るシュー皮は、小麦粉で作ったものよりも焼き色が薄く仕上がる。
＊焼き立ては米粉独特の香りがするが、冷めると落ち着く。

とろとろカスタードクリームを作る

11
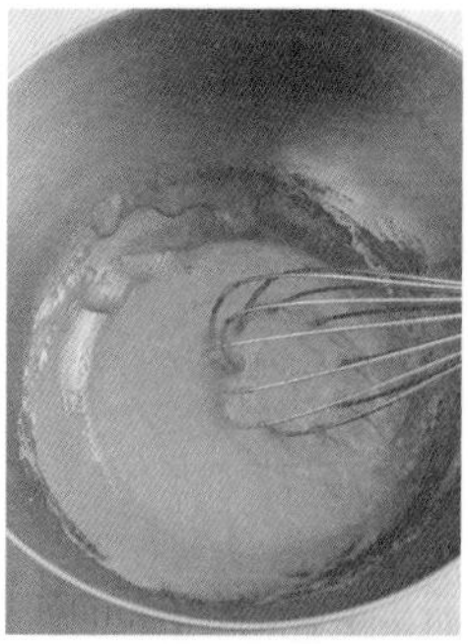

ボウルに卵黄と砂糖を入れて、泡立て器で軽く混ぜ合わせる。

12
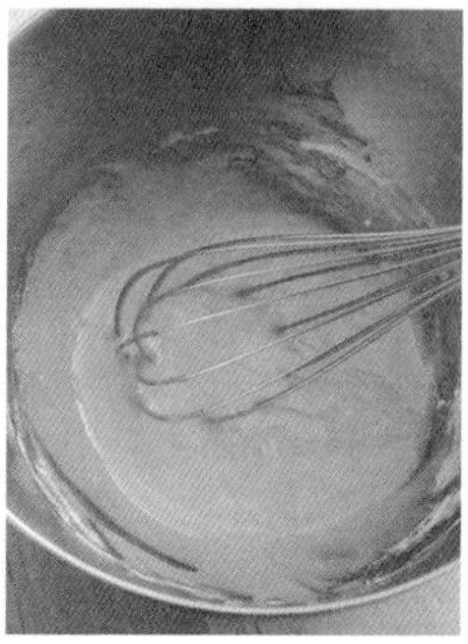

11にコーンスターチを加えて、なめらかになるまでサッと泡立て器で混ぜる。

＊薄力粉ではなく、コーンスターチを使うことで、口あたりのやわらかいクリームになる。

13
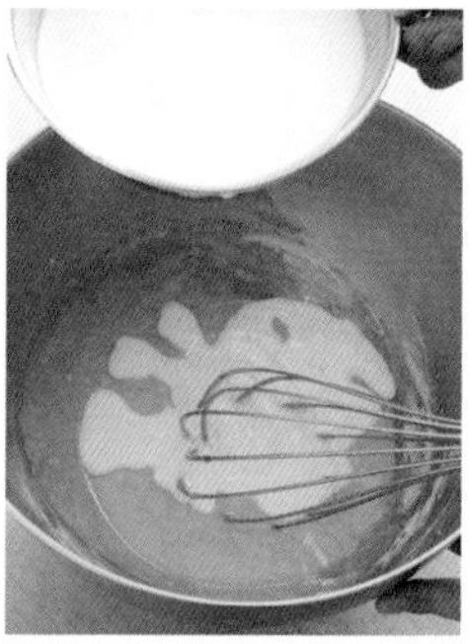

12に少しずつ牛乳を加えながら、泡立て器で混ぜる。

＊泡立て器で混ぜながら、少しずつ加えること。一気に加えるとダマができる。

14

鍋に13をざるでこし入れる。

15

14を中火にかけ、鍋底からゴムべらで混ぜる。写真のようにとろみがついたら弱火にする。

＊クリームに熱が均一に入るよう、必ずかき混ぜながら、とろみがつくまで加熱すること。とろみは一気につくので、火から離れず、かき混ぜ続けること。

16

さらに底からかき混ぜ続け、ダマがなくなるまでなめらかにする。全体にまとまってつやが出てきて、下からボコッ、ボコッと沸くようになってから、さらに1分ほど加熱。写真のように重く、とろっとした感じになったらOK。

17

火を止めてバターとバニラエッセンス（またはバニラオイル）を加え、ゴムべらで、バターが完全に溶けるまで混ぜる。

＊バターを入れることで、クリームにコクとなめらかさが加わる。

18

17を容器に移し入れ、ラップをクリームに密着させてふたをする。氷水の上にのせ、粗熱をとってから、冷蔵庫で冷やす。

＊ラップをぴたりと張りつけることで、乾燥だけでなく、ラップとクリームの間に水蒸気がたまるのを防ぐ。また、氷水で急冷することで雑菌の繁殖も防ぐ。

19

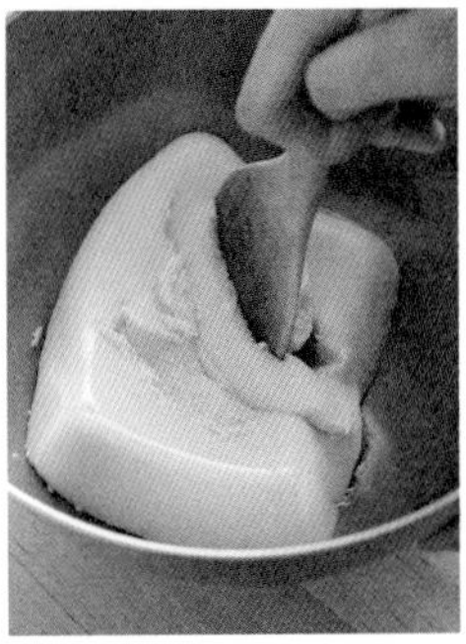

18のカスタードクリームをボウルに入れる。

＊寒い時期は冷蔵庫から出して、しばらくおいておくとよい。

20

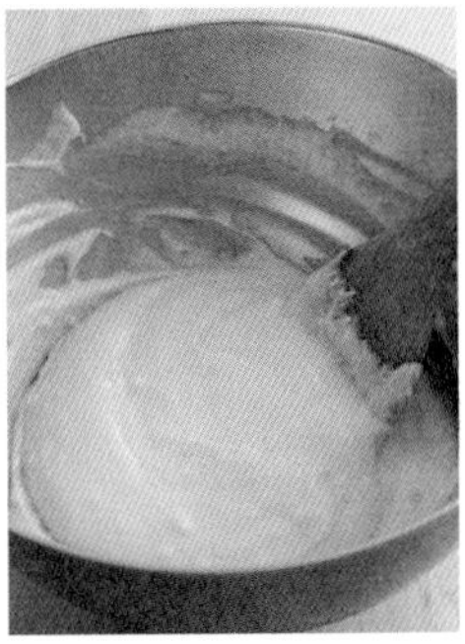

19を木べらで混ぜてなめらかにし、直径1cmの丸口をつけた絞り出し袋に詰める。

＊冷蔵庫で冷えてかたまったクリームは、一度混ぜてなめらかにする。

仕上げる

21

10のシュー皮の上$1/3$に、包丁で切り目を入れ、**20**のクリームを絞り入れ、ふたをする。

＊シュークリームはクリームを詰めてすぐが一番おいしいので、食べる直前に絞り入れるのがおすすめ。

「基本のシュークリーム6・クッキーシュー※シンプルカスタードクリーム」（P28）のアレンジ

抹茶のクッキーシュー

「基本のシュークリーム1・さっくりシュー ※ カスタードリッチクリーム」（P8）のアレンジ

いちごのカスタードシュー

「基本のシュークリーム6」のクッキーシューに、濃厚な抹茶クリームを詰めました。
抹茶クリームは、カスタードクリームに抹茶を加えた簡単アレンジです。ざっくりした食感の
クッキーシューの皮と苦味のきいた濃厚な抹茶クリームの組み合わせは、落ち着いた和風の味。

＊「基本のシュークリーム6」の生地とクリームの材料の配合は、抹茶味に合うように、少し変えています。

材料 直径約5.5cmのもの12個分

◎クッキー生地

バター（無塩）……… 30g
砂糖 ……… 20g
薄力粉 ……… 30g
塩 ……… 3つまみ

◎シュー生地

バター（無塩）……… 55g
水 ……… 100ml
塩 ……… 小さじ1/8（約1g）
砂糖 ……… 小さじ1/2
薄力粉 ……… 40g
強力粉 ……… 20g
溶き卵 ……… 約2個分
抹茶（仕上げ用）……… 適量

◎抹茶カスタードクリーム

卵黄 ……… 4個分
砂糖 ……… 90g
薄力粉 ……… 30g
抹茶 ……… 10g
牛乳 ……… 400ml
バター（無塩）……… 20g

作り方

P28〜31の「基本のシュークリーム6・クッキーシュー×シンプルカスタードクリーム」を参照。

作り方が異なる点

●抹茶カスタードクリームの薄力粉と抹茶を下準備で合わせてふるう。
●バニラビーンズは使わないので、作り方16で、バニラビーンズを入れない。
●仕上げに、抹茶をふりかける。

「基本のシュークリーム1」のさっくりシューに、卵の風味はおさえめにして、
いちごの豊かな香りを際立たせる配合にした、いちごカスタードクリームを組み合わせました。

＊「基本のシュークリーム1」のクリームの材料の配合は、いちごの味やいちごから出る水分量とバランスをとるために、少し変えています。

材料 直径約6.5cmのもの8個分

◎シュー生地

バター（無塩）……… 40g
水 ……… 100ml
塩 ……… ひとつまみ
薄力粉 ……… 60g
溶き卵 ……… 約2個分

◎いちごカスタードクリーム

卵黄 ……… 2個分
砂糖 ……… 45g
薄力粉 ……… 15g
牛乳 ……… 150ml
バニラビーンズ ……… 1/4本
バター（無塩）……… 15g
いちご ……… 50g
生クリーム（脂肪分40%以上）……… 120ml
砂糖 ……… 大さじ1（生クリームホイップ時に加える）

◎トッピング

いちご（仕上げ用）　50g（約8個）

作り方

P8〜11の「基本のシュークリーム1・さっくりシュー×カスタードリッチクリーム」を参照。

作り方が異なる点

●作り方21で、カスタードクリームに細かく刻んだいちごを加えて混ぜる。
●シュー皮に、縦に包丁で切り目を入れる。
●仕上げに、縦半分、もしくは4つ割りにしたいちごを飾る。

「基本のシュークリーム3・ざくばりシュー ※ 濃厚カスタードクリーム」(P16)のアレンジ

チョコクリームシュー

「基本のシュークリーム2・ざっくりシュー ※
基本のシュークリーム6・シンプルカスタードクリーム」（P12・28）のアレンジ

マロンツインシュー

ビターな生地をざくばりの食感で楽しむシュークリーム。
上に、こりこりと歯ごたえのあるカカオニブを散らして、さらにアクセントをつけました。
クリームは、濃厚カスタードクリームにチョコをたっぷり入れて仕上げます。

＊「基本のシュークリーム3」の生地とクリームの材料の配合は、チョコレート味に合うように、少し変えています。

材料 直径約6.5cmのもの12個分

◎シュー生地
バター（無塩）……60g
水……60ml
牛乳……60ml
塩……小さじ⅛（約1g）
砂糖……小さじ½
薄力粉……25g
強力粉……40g
ココア……7g（約大さじ1）
溶き卵……約2個分
溶き卵（表面にぬる用）
……適量
カカオニブ……適量
＊カカオ豆をローストして粗く砕き、外皮や胚芽を取り除いたもの。ほろ苦く、甘みはない。

◎濃厚チョコカスタードクリーム
薄力粉……60g
砂糖……80g
バニラビーンズ……⅔本
牛乳……480ml
卵黄……7個分
チョコレート（ビター）
……70g（細かく刻む）
ブランデー……大さじ1

作り方

P16～19の「基本のシュークリーム3・ざくばりシュー×濃厚カスタードクリーム」を参照。

作り方が異なる点

●シュー生地の薄力粉と強力粉とココアを下準備で合わせてふるう。
●作り方10で、アーモンドダイスのかわりにカカオニブを散らす。
●作り方20で、バターのかわりに、細かく刻んだチョコレートを加え、完全に溶けたら仕上げにブランデーを加えて混ぜる。

ミルキーカスタードクリームとマロンホイップクリームのツインクリームで食べる、贅沢なシュークリーム。
こっくりしたクリームとざっくりしたシュー生地の相性は抜群です。

＊「基本のシュークリーム6」のクリームの材料の配合は、マロンクリームに合うように、少し変えています。

材料 直径約6cmのもの10個分

◎シュー生地
バター（無塩）……50g
水……120ml
塩……ふたつまみ
砂糖……小さじ½
薄力粉……40g
強力粉……30g
溶き卵……約2個分

◎シンプルクリーム
卵黄……2個分
砂糖……30g
薄力粉……20g
牛乳……200ml
バニラビーンズ……⅓本
バター（無塩）……10g
ラム酒……大さじ1

◎マロンホイップクリーム
生クリーム（脂肪分40%以上）……120ml
マロンクリーム……70g

作り方

P12～15の「基本のシュークリーム2・ざっくりシュー」の作り方1～10を参照。
P28～31の「基本のシュークリーム6・シンプルカスタードクリーム」の作り方14～24を参照。

作り方が異なる点

●作り方21で、バターを入れたあとラム酒を加える。
●作り方24でカスタードクリームをなめらかにして直径1cmの丸口をつけた絞り出し袋に詰めたあと、マロンホイップクリームを作る。別のボウルに生クリームとマロンクリームを入れ、ハンドミキサーで八分立て（P63）に泡立てる。星口をつけた絞り出し袋に詰める。
●仕上げに、シュー皮にカスタードクリームを絞り入れたあと、マロンホイップクリームを重ねて絞り、ふたをする。

「基本のシュークリーム4・ふんわりシュー ※ ヨーグルトバニラクリーム」（P20）のアレンジ

フロマージュシトロンシュー

「基本のシュークリーム8・さくパリ米粉シュー ※ とろとろカスタードクリーム」（P36）のアレンジ

ごまクリームシュー

「基本のシュークリーム4」でご紹介した
アレンジクリーム、ヨーグルトバニラクリームを使った、アレンジシューです。
ふんわりとしたシュー皮には、チーズ風味のクリームがピッタリ。仕上げに、レモンのアイシングでおめかししました。
爽やかな味わいは、暑い日のデザートとしてもおすすめです。

*「基本のシュークリーム4」のヨーグルトバニラクリームの材料の配合は、クリームチーズに合うように、少し変えています。

材料 直径約7cmのもの8個分

◎シュー生地
バター（無塩）……… 10g
サラダ油 ……… 45g
水 ……… 65ml
塩 ……… ひとつまみ
薄力粉 ……… 50g
ベーキングパウダー ……… 小さじ½
溶き卵 ……… 約2個分

◎アイシング
粉糖 ……… 大さじ2
レモン果汁 ……… 小さじ½〜1

◎フロマージュクリーム
生クリーム（脂肪分40%以上）……… 150ml
クリームチーズ ……… 80g
砂糖 ……… 大さじ3
プレーンヨーグルト（無糖）……… 200g
レモン果汁 ……… 小さじ2

◎トッピング
レモンの皮（細切りにする）……… 少々
ピスタチオ（刻む）……… 少々

作り方

P20〜23の「ふんわりシュー×ヨーグルトバニラクリーム」を参照。ヨーグルトは、冷蔵庫でひと晩水きりし、100gにしておく。クリームチーズは常温に戻しておく。

作り方が異なる点

●フロマージュクリームにはバニラビーンズを使わないので、生クリームをひと晩おく必要はない。
●フロマージュクリームを作る。ボウルに生クリームを入れ、ハンドミキサーで九分立て（P63）に泡立てる。別のボウルにクリームチーズと砂糖を入れ、やわらかくなるまでゴムべらで練り、先ほど泡立てた生クリームと、水きりしたヨーグルト、レモン果汁を加え、ゴムべらでなめらかになるまで混ぜ、星口をつけた絞り出し袋に詰める。
●アイシングを作る。粉糖とレモン果汁を混ぜ合わせる。
●作り方**15**で、フロマージュクリームを絞り入れ、ふたをしたあと、アイシングをスプーンの先からたらし、細切りにしたレモンの皮とピスタチオをトッピングする。
●粉糖はかけない。

シュー生地にも、クリームにも、ごまをたっぷり使った、ごまづくしのシュークリーム。
さくパリッ！ もっちりのあと、とろーりに変わる皮とクリームのコラボレーションが絶妙。
和菓子のようなシュークリームです。

*「基本のシュークリーム8」の生地とクリームの材料の配合は、ごまに合うように、少し変えています。

材料 直径7cmのもの8個分

◎シュー生地
バター（無塩）……… 35g
水 ……… 100ml
塩 ……… ひとつまみ
米粉（製菓用）……… 50g
すり黒ごま ……… 15g
溶き卵 ……… 約2個分

◎ごまカスタードクリーム
卵黄 ……… 3個分
砂糖 ……… 50g
コーンスターチ ……… 25g
牛乳 ……… 320ml
練り黒ごま ……… 30g
バニラエッセンス（またはバニラオイル）……… 少々

つぶあん ……… 150g

作り方

P36〜39の「基本のシュークリーム8・さくパリ米粉シュー×とろとろカスタードクリーム」を参照。

作り方が異なる点

●下準備で、米粉とすり黒ごまを合わせておく。
●作り方**17**でバターのかわりに練り黒ごまを加えて混ぜる。
●作り方**21**で、シュー皮につぶあんを詰めてから、ごまカスタードクリームを絞る。

おいしいシュークリームを作る秘密は、オーブンの温度にあります!

ふわっとふくらんだおいしいシューの皮を作るコツはふたつあります。
ひとつは、シュー生地をよい状態に作ること。もうひとつは、そのシュー生地を「高温で一気に焼くこと」です。
シューの皮は、熱した水分をたっぷりと吸収させた状態の小麦粉を、高温で一気に加熱することにより、
生地にふくまれた水分が蒸発し、ちょうどいい具合に生地がふくらむのです。

Point 1

オーブンの予熱を完璧にしておくこと!

まず、知っておいてほしいことは、オーブンの庫内の熱は、7割が熱源から発生するものであり、残りの3割は、温まったオーブン庫内の壁面から放熱されたものだということです。
つまり、オーブンの表示部分が予熱温度に達していたとしても、じつは、庫内は7割程度しか温まっていないということ。ですから、表示が予熱温度に達してから、さらに5〜10分ほど加熱して天板をセットしてください。寒い季節には、さらに5〜10分長めに予熱しましょう。こうすることで、扉を開けても温度が下がりにくくなります。

Point 2

扉の開閉は素早く!

オーブンの扉の開閉はとにかく素早く!　これが鉄則です。扉を開けた瞬間から熱がどんどん逃げてしまい、せっかく温めた庫内の温度が下がり、うまくシュー皮が焼き上がりません。シュークリームを焼く前に、一度、オーブンの開閉の練習をしておいてほしいくらいです。それほど、シュー皮とオーブンの温度の関係は密接です。

Point 3

焼き上がるまでは絶対に、扉を開けてはいけません!

シューの皮が焼き上がらないうちに扉を開けてしまうと、気圧の変化によってシューの皮がしぼんでしまいます。ですから、焼き上がる前に、扉を開けてはいけません。反対に、しっかり焼いてあれば、ふくらんだ形を保つことができます。

Point 4

小さめの電気オーブンの予熱にはとくに注意!

電子レンジとの一体型で、ターンテーブルスタイルの小さめの電気オーブン（一般的にひとり暮らしの人向けのもの）は、とくに庫内が温まりにくく、一度扉を開けるとオーブンの熱が一気に下がってしまいます。このタイプをお使いの場合、以下のようにしてください。

1. シュー生地を焼く30分前から予熱を開始する。
2. 予熱温度は、オーブンで設定できる中でも一番高い温度（250℃が予熱の最高温度ならば250℃）に設定する。
3. シュー生地を素早くオーブンに入れたら、本書の作り方のそれぞれの指示温度よりも10℃高い温度に設定して焼く。

Point 5

パワーの強い電気オーブンの場合

高性能の、パワーが強い電気オーブンの場合は、この本の指示どおりの温度設定で大丈夫です。ただし、機種によって、火力や性能に差がありますので、最初は、様子を見ながら調整してください。作るたびに、何度で何分焼くと、どんな具合になるかをメモしておくと、シュークリーム作りだけでなく以降のお菓子作りに役立ちます。

2章

憧れの華やかシュー菓子

「基本のシュークリーム」のシュー皮や
カスタードクリームを応用した、
華やかでロマンチックなシュー菓子を紹介します。
やや難易度の高いお菓子なので、
まずは、1章のシュークリームを作ってみて、
基本をマスターしてから
トライしてくださいね。

憧れのスワンシュー

シュークリームを作り始めたら、いつかは挑戦したいスワンシュー。
ロマンチックなスワンに仕上げるコツは、細くて繊細な首。ポイントはシュー生地の絞り方にあります。
薄力粉とベーキングパウダーで作る、軽い口あたりのシュー皮と、正統派カスタードクリームの組み合わせ。

材料 長さ約7.5cmのもの12個分

◎シュー生地

バター（無塩）……… 10g

サラダ油 ……… 45g

水 ……… 65ml

塩 ……… ひとつまみ

薄力粉 ……… 50g

ベーキングパウダー

……… 小さじ½

溶き卵 ……… 約2個分

粉糖（仕上げ用）

……… 適量

◎ツインクリーム

カスタードクリーム

卵黄 ……… 2個分

砂糖 ……… 50g

薄力粉 ……… 20g

牛乳 ……… 200ml

バニラビーンズ ……… ⅓本

ホイップクリーム

生クリーム（脂肪分40％以上）

……… 200ml

砂糖 ……… 小さじ2

下準備

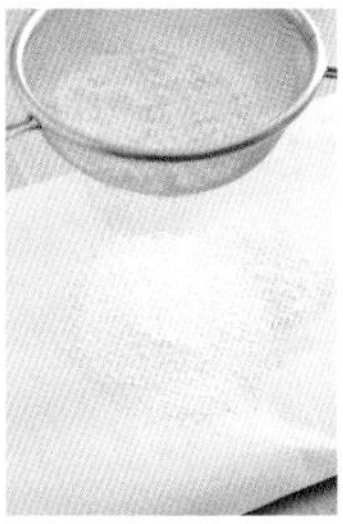

・全卵は常温に戻しておく。

・シュー生地の薄力粉とベーキングパウダーを合わせてふるう。カスタードクリームの薄力粉もふるう。ふるわないと生地もクリームもダマになりやすいので必ずふるうこと。

・ガスオーブンは200℃に予熱する（電気オーブンの予熱についてはP46参照）。

・1枚の天板にオーブンシートを敷く。

・もう1枚の天板に薄く油をぬり、強力粉（分量外）を全体に薄くはたく。

・コルネを作る（P50参照）。

作り方

シュー生地を作る

1. 「基本のシュークリーム4 ふんわりシュー」（P20）の作り方**1**〜**6**のとおりに作る。
2. **1**を作っておいたコルネに入れ、先端をカットし、オーブンシートを敷いた天板に、写真のように「逆S字形」に15個絞り出す（**a**）。絞り始めの頭の部分に再度コルネの先端をつけて、生地をひっぱるようにシュッとのばし口ばしを作る（**b**）。

   ＊絞り始めが頭になるので、丸く絞ってから、細く「逆S字形」に首を描いていく。
   ＊本来必要なのは12個ですが、折れやすいので多めに作っておくとよい。
3. 残りの生地を直径1cmの丸口をつけた絞り出し袋に詰め、強力粉をはたいた天板に7cmのしずく形に12個絞り出す（**c**）。

   ＊写真のように、絞り終わりから少し元に戻す感じで絞り終えるとよい。
4. **3**の生地の上に、さらに1本生地を絞り出す（**d**）。
5. **4**の生地に、水でぬらしたフォークでスジをつけていく（**e**）。
6. **5**に30cmくらい離れたところから霧吹きで水をたっぷりと吹き、予熱しておいたオーブンに素早く入れ、200℃で20分、その後、温度を180℃に下げて10〜15分焼く。焼き上がるまでは絶対に扉を開けないこと。**2**は180℃で10〜15分焼く。

   ＊水を吹きつけることにより、シュー生地がオーブンの熱で焼きかためられる速度が遅くなり、その分生地ののびがよくなり、大きくふくらむ。
7. 焼き上がったシュー皮はケーキクーラーの上で冷ます（**f**）。保存する場合は保存袋や密閉容器に入れる。

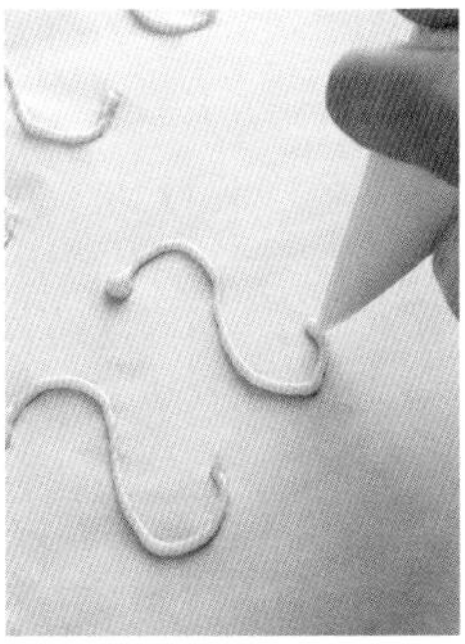

（a）

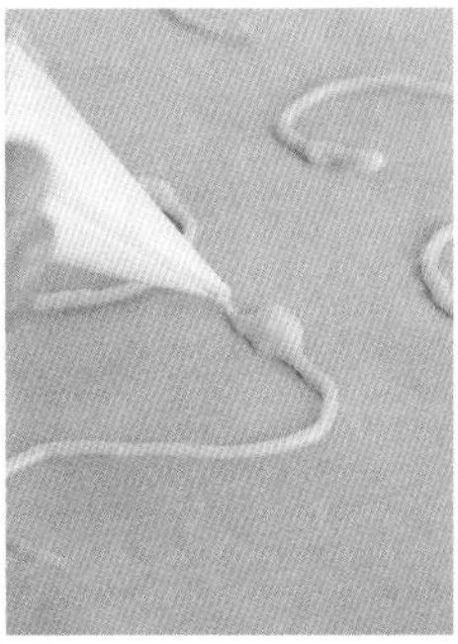

（b）

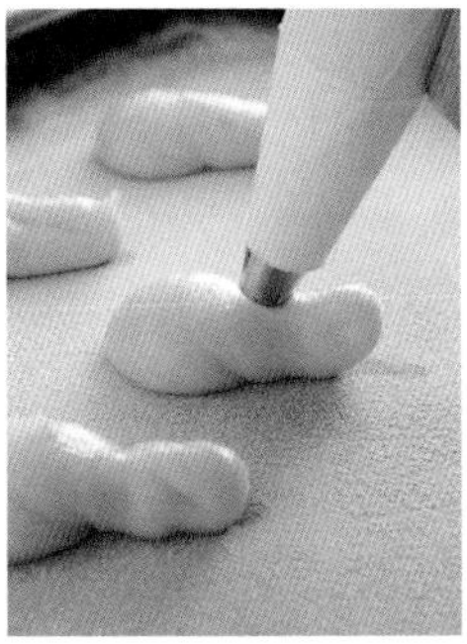

（c）

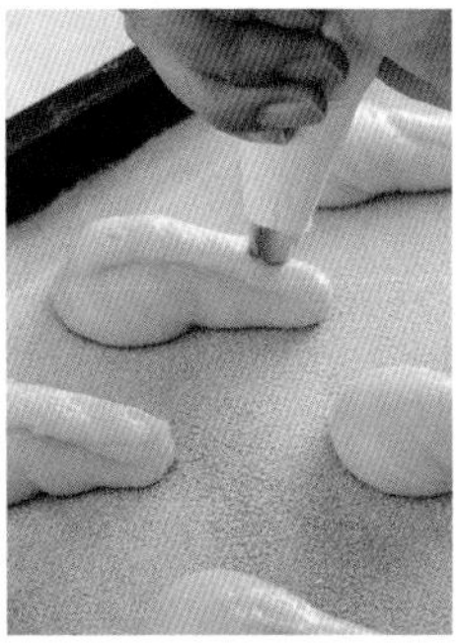

（d）

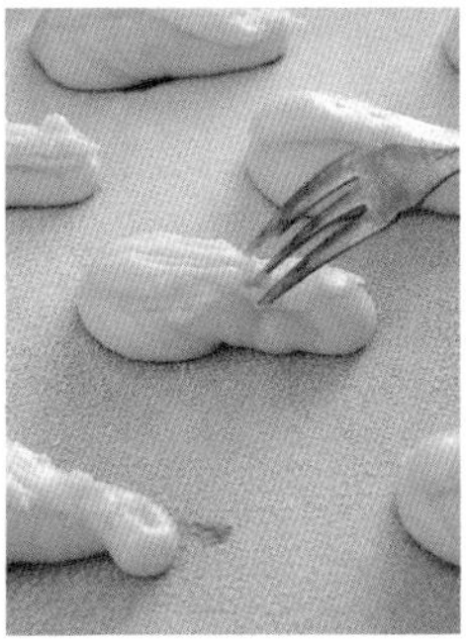

（e）

（f）

カスタードクリームを作る

8. 「基本のシュークリーム5 生クリームリッチカスタード」(P24)の作り方11〜20のとおりに作る。バターは入らないので、作り方19は除く。

＊クリームの分量と配合は違うので、作り方のみ参照すること。

仕上げる

9. 8のカスタードクリームをボウルに入れ、バニラビーンズのさやを取り出す。木べらで混ぜてなめらかにし、星口をつけた絞り出し袋に詰める。

＊冷蔵庫で冷えてかたまったクリームは、一度混ぜてなめらかにする。
＊寒い時期は、冷蔵庫から出して、しばらくおいておくとよい。

10. ホイップクリームを作る。別のボウルに、生クリームと砂糖を入れて、ボウルの底を氷水にあてながら、ハンドミキサーで八分立て(P63)に泡立てる。星口をつけた絞り出し袋に詰める。

11. 7のシュー皮の上1/3を切る(g)。

12. 切った上のシュー皮をさらに縦半分に切る。これが羽の部分になる(h)。

13. 切ったシュー皮の下の部分に、9のカスタードクリームを絞り入れ、さらに10のホイップクリームを重ねて絞る(i)。

14. 13の上に12のシュー皮を羽のようにハの字にのせる。首をのせる部分をナイフなどで、クリームに切りこみを入れる(j)。

＊首は繊細なので、ここで切りこみを入れておかないと、さすときにポキッと折れてしまう。

15. 首をシューにさす(k)。粉糖をふる。

＊首はできるだけ、そっと持つこと。

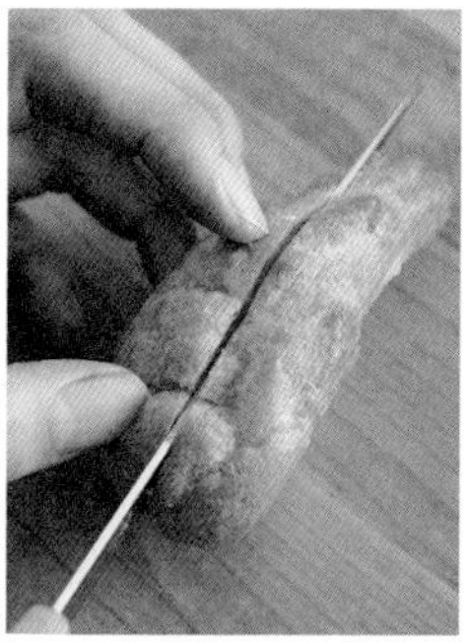

(g)

(h)

(i)

(j)

(k)

コルネの作り方

スワンシューの細い首の部分を絞り出すために、オーブンシートでコルネを作ります。
コルネとは、三角形の紙を巻いて作る絞り出し袋のことです。

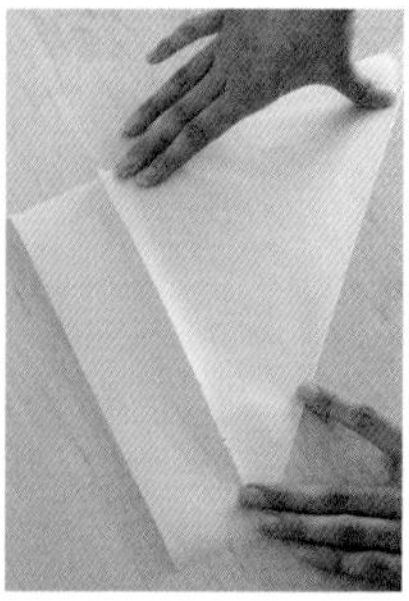

オーブンシートを適当な大きさに切り、写真のように三角形ができるように折り、カッターなどで切る。

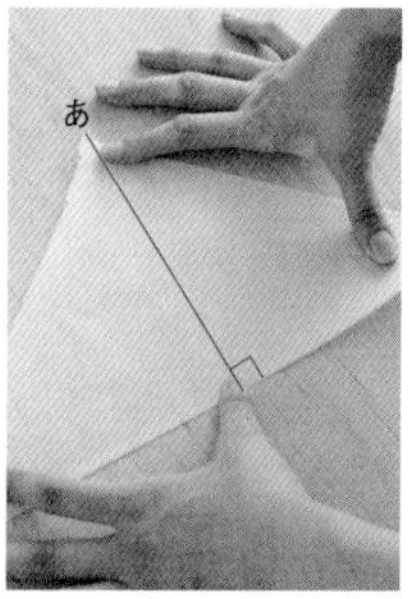

三角形の頂点、写真の(あ)から垂直に線をおろしたところを指で押さえる。指で押さえている部分がコルネの先になる。

コルネの先になる部分を押さえながら巻いていく。

巻き終わりが正面になるようにする。

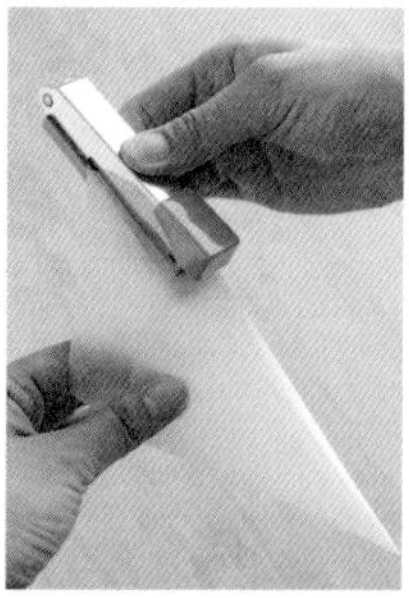

巻き終わりをホチキスでとめる。

チョコレートエクレアとコーヒーエクレア

細長い形、強力粉をミックスした厚手のばりっとしたシュー皮に、とろとろの濃厚なクリーム、
そして上にかかったつややかなフォンダン。それぞれの要素が引き立つように配合したレシピです。
エクレアは、フランス語で「稲妻」という意味を持ちます。

材料 長さ約12cmのもの10本分

◎エクレア生地
バター（無塩）……60g
水……60ml
牛乳……60ml
塩……小さじ1/8（約1g）
砂糖……小さじ1/2
薄力粉……35g
強力粉……40g
溶き卵……約2個分
溶き卵（表面にぬる用）
……適量

◎チョコカスタードクリームとコーヒークリーム（各5本分）
卵黄……5個分
砂糖a……70g
薄力粉……40g
牛乳……400ml
バニラビーンズ……1/2本
チョコレート（ビター）
……40g
バター（無塩）……20g
砂糖b……10g
インスタントコーヒー（顆粒）
……大さじ1

◎仕上げ
フォンダン……250g

◎シロップ
（作りやすい分量）
水……100ml
砂糖……130g

ココア……大さじ1
湯……大さじ1〜2

インスタントコーヒー
（顆粒）b……大さじ1
湯……大さじ1

*シュー生地は「基本のシュークリーム3 ざくばりシュー」（P16）の生地を、クリームは「基本のシュークリーム1」（P8）のカスタードクリームをアレンジしたものです。生地の具合などは、そちらを参考にしてください。

下準備

・全卵は常温に戻しておく。
・エクレア生地の薄力粉と強力粉を合わせてふるう。ふるわないと生地がダマになりやすいので必ずふるうこと。

・ガスオーブンは200℃に予熱する（電気オーブンの予熱についてはP46参照）。
・天板に薄く油をぬり、強力粉（分量外）を全体に薄くはたき、定規で長さ11cmの線を10本分、等間隔にひく。

・小鍋にシロップの水と砂糖を入れて火にかけ、砂糖を溶かし、さましておく。

作り方

エクレア生地を作る

1. 「基本のシュークリーム3 ざくばりシュー」（P16）の作り方**1**〜**6**のとおりに作る。
2. **1**の生地を直径1cmの丸口をつけた絞り出し袋に詰め、天板に、11cmの長さに10本絞り出し、その上に、もう1本に重ねるように絞り出す（**a**）
   *絞り出し位置と量、高さ、形をなるべくそろえると、焼き上がりの大きさも均一になる。
3. **2**の上全体に溶き卵をぬり、水でぬらしたフォークでスジをつける（**b**）。
   *この作業により、表面がデコボコせず丸く焼き上がる。
4. ぬれた手で**3**の脇をなぞり、形を整える（**c**）。
   *この作業で、形がそろう。
5. 30cmくらい離れたところから霧吹きで水をたっぷりと吹き、予熱しておいたオーブンに素早く入れ、200℃で20分、その後、温度を160℃に下げて40分焼く。焼き上がるまでは絶対に扉を開けないこと。
   *水を吹きつけることにより、エクレア生地がオーブンの熱で焼きかためられる速度が遅くなり、その分生地ののびがよくなり、大きくふくらむ。
6. 焼き上がったエクレアの皮はケーキクーラーにのせて冷ます。
   *夏場など、湿気の多い時期は、粗熱がとれてから保存袋などに乾燥剤とともに入れたり、冷蔵庫で保存するなどして、皮のさくさく感を保つようにする。

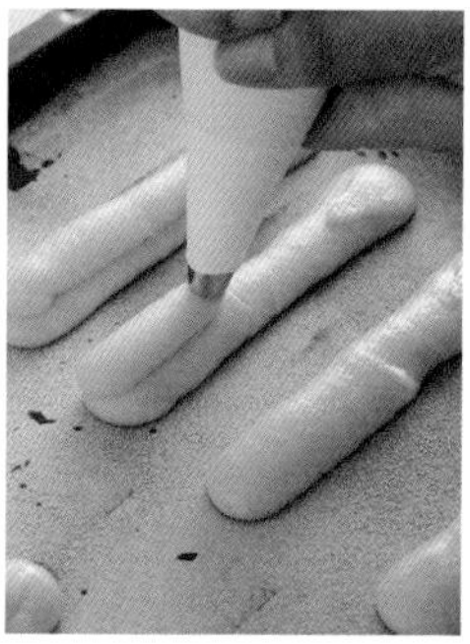

（a）

（b）

（c）

クリームを作る

7. 「基本のシュークリーム1 カスタードリッチクリーム」(P8)の作り方**11**〜**18**のとおりに作る。

　＊クリームの分量と配合は違うので、作り方の作り方のみ参照すること。

8. **7**を半量ずつボウルに移し、熱いうちに、片方のボウルにチョコレートを、もう片方のボウルにバターと砂糖bとインスタントコーヒーを加え、それぞれ溶けるまで混ぜる。

9. **8**をそれぞれ容器に移し入れ、ラップを各クリームに密着させてふたをする。氷水の上にのせ粗熱をとってから、冷蔵庫で冷やす(**d**)。

　＊ラップをぴたりと張りつけることで、乾燥だけでなく、ラップとクリームの間に水蒸気がたまるのを防ぐ。また、氷水で急冷することで雑菌の繁殖も防ぐ。

仕上げる

10. **9**の各クリームをボウルに入れ、バニラビーンズのさやを取り出す。木べらで混ぜてなめらかにし、直径7mmの丸口をつけた絞り出し袋に詰める。

　＊冷蔵庫で冷えてかたまったクリームは、一度混ぜてなめらかにする。
　＊寒い時期は、冷蔵庫から出して、しばらくおいておくとよい。

11. エクレア生地の底に箸で2カ所穴をあけ、クリームを絞り入れる(**e**・**f**)。

　＊片方の穴から絞り入れて、もう片方の穴からクリームがはみ出てくるくらい入れてOK。

12. フォンダンは手で温めてやわらかくするか(**g**)、ラップに包んで電子レンジに10秒かけて、手でちぎれる程度のかたさにする。まだかたい場合は、さらに10秒ずつ、様子を見ながら電子レンジにかける。

13. **12**をもみほぐしながら小鍋に入れる(**h**)。

14. **13**を湯せんにかけ、下準備で作ったシロップを少しずつ加え木べらで混ぜる。へらですくい、写真のように、つやが出て、とろりと流れ落ちたら火を止める(**i**)。

　＊熱しすぎるとつやがなくなるので、鍋中の温度は30℃以下、湯せんの温度は50℃以下を保つこと。

15. **14**を半量ずつボウルに分け、それぞれに湯で溶いたココアとインスタントコーヒーを加えてゴムべらでよく混ぜ、それぞれバットに移す。

16. エクレアの穴がない面を、バットのフォンダンにつけ(**j**)、液だれしないように指先でそっとぬぐう(**k**)。作業台などの上に置き、表面を乾かす(**l**)。

Memo
もう少し簡単に仕上げたい場合は、フォンダンのかわりに「コーティングチョコ」50gを湯せんで溶かし、スプーンでエクレアの表面にぬってもよい。

(d)

(e)

(f)

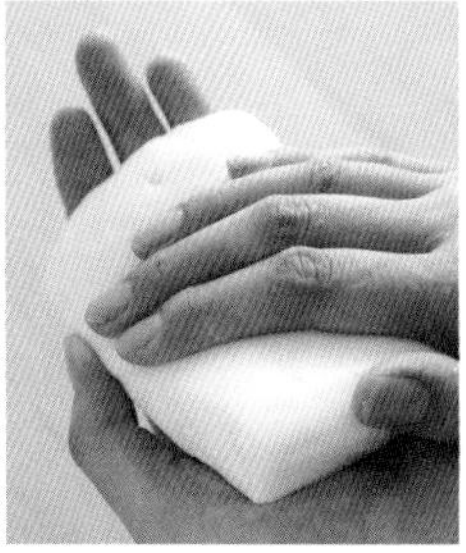
(g)

(h)

(i)

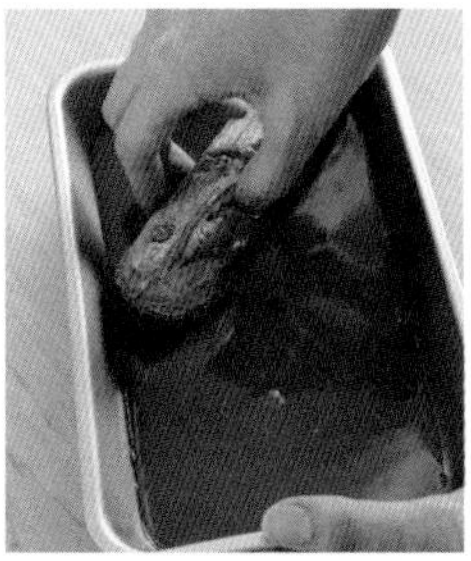
(j)

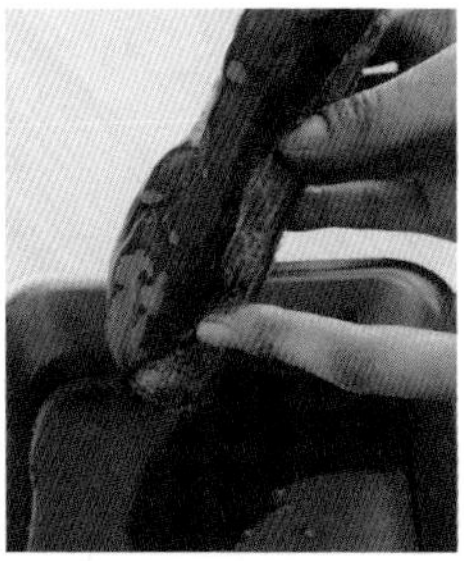
(k)

(l)

ロマンチックなルリジューズ

ルリジューズは、修道女という意味を持つフランスのお菓子。
色合いも、その見た目も、そして味までもキュートでロマンチック。
ストロベリーパウダーでピンク色に染めて、このうえなくラブリーに仕上げます。
基本のシュークリームが焼けるようになったら、いつかは挑戦したいお菓子のひとつです。

材料 直径約4cmのもの約14個分

◎シュー生地
バター（無塩）……… 60g
水 ……… 60ml
牛乳 ……… 60ml
塩 ……… 小さじ1/8（約1g）
砂糖 ……… 小さじ1/2
薄力粉 ……… 35g
強力粉 ……… 40g
溶き卵 ……… 約2個分
溶き卵（表面にぬる用）
……… 適量

◎ストロベリー
カスタードクリーム
卵黄 ……… 3個分
砂糖 ……… 75g
薄力粉 ……… 40g
牛乳 ……… 400ml
バニラビーンズ ……… 1/3本
キルシュ（水でもよい）
……… 大さじ1〜2
ストロベリーパウダー
……… 大さじ1

◎バタークリーム
バター（無塩）……… 40g
粉糖 ……… 20g
ホワイトチョコ ……… 20g

◎仕上げ
フォンダン ……… 250g
ストロベリーパウダー
……… 少々
アラザン ……… 適量

◎シロップ
（作りやすい分量）
水 ……… 100ml
砂糖 ……… 130g

下準備

・全卵とバタークリーム用のバターを室温に戻しておく。
・シュー生地の薄力粉と強力粉を合わせてふるう。クリームの薄力粉をふるう。ふるわないと生地もクリームもダマになりやすいので必ずふるうこと。
・ガスオーブンは200℃に予熱する（電気オーブンの予熱についてはP46参照）。
・2枚の天板に薄く油をぬり、強力粉（分量外）を全体に薄くはたき、3cmと3.5cmの円形に、それぞれ14個ずつあとをつける。
＊ペットボトルのキャップなどを使うと便利。
・小鍋にシロップの水と砂糖を入れて火にかけ、砂糖が溶けたら冷ましておく。

作り方

シュー生地を作る

1. 「基本のシュークリーム3 ざくばりシュー」（P16）の作り方**1〜6**のとおりに作る。
2. **1**の生地を直径1cmの丸口をつけた絞り出し袋に詰め、天板の上に、3.5cmと3cmの円形に14個ずつ絞り出す。天板が1枚しかない場合は、残った生地をオーブンシートの上に絞り出す（生地をそのままおいておくと、かたくなってしまうのですぐに絞り出すこと）。
3. **2**に水でぬらしたフォークでスジをつけ、30cmくらい離れたところから霧吹きで水をたっぷりと吹き、予熱しておいたオーブンに素早く入れ、200℃で15分、その後、温度を180℃に下げて15分、さらに160℃で10分焼く。
4. 焼き上がったシュー皮はケーキクーラーにのせて冷ます。

ストロベリーカスタードクリームを作る

5. 「基本のシュークリーム6 シンプルカスタードクリーム」（P28）の作り方**14〜20**のとおりに作る。
＊クリームの分量と配合は違うので、作り方のみ参照すること。
6. 火を止めてキルシュ（または水）で溶いたストロベリーパウダーを加えて混ぜる。
7. **6**をバニラビーンズのさやごと容器に移し入れ、ラップをクリームに密着させてふたをする。氷水の上にのせ粗熱をとってから、冷蔵庫で冷やす。

バタークリームを作る

8. ボウルにバターを入れ、ゴムべらでやわらかくなるまで練り、粉糖を加えて白っぽくなるまで泡立て器で泡立てる。
9. ホワイトチョコを湯せんで溶かし、**8**に少しずつ加えながら泡立て器で混ぜる。なめらかになったら、ボウルの底を氷水で冷やしながら少しかたくなるまで混ぜ続け、細めの星口をつけた絞り出し袋に詰める。

仕上げる

10. ボウルに7のストロベリーカスタードクリームを入れて、バニラビーンズのさやを取り出し、木べらでなめらかになるまで混ぜる。直径7㎜の丸口をつけた絞り出し袋に詰める。
11. 4のシュー皮の底に箸で穴をあけ、10のクリームを絞り入れる。
12. フォンダンは手で温めてやわらかくするか、ラップに包んで電子レンジに10秒かけて、手でちぎれる程度のかたさにする。まだかたい場合は、さらに10秒ずつ、様子を見ながらレンジにかける。小鍋にほぐしながら入れ(**a**)、湯せんで溶かす。さらに、シロップ適量とストロベリーパウダーを加えて木べらで混ぜながらなめらかにする。へらですくって、とろりと落ちる状態になったら火を止める(**b**)。
*熱しすぎるとつやがなくなるので、鍋中の温度は30℃以下、湯せんの温度は50℃以下を保つこと。
13. **11**のシューを持ち、穴がないほうの面を**12**の鍋中に入れて、フォンダンをつける(**c**)。そっと持ち上げて、縁を指で一度だけなぞる(**d**)。
14. フォンダンが乾かないうちに、大きなシューに小さなシューを重ね(**e**)、接着部分と、トップに**9**のバタークリームを絞り出す(**f**)。アラザンを飾る。

MEMO もう少し簡単に仕上げたい場合は、フォンダンのかわりに「ホワイトコーティングチョコ」50gを湯せんで溶かし、ストロベリーパウダーを加えて混ぜ、シューの表面にスプーンでぬってもよい。

(a)

(b)

(c)

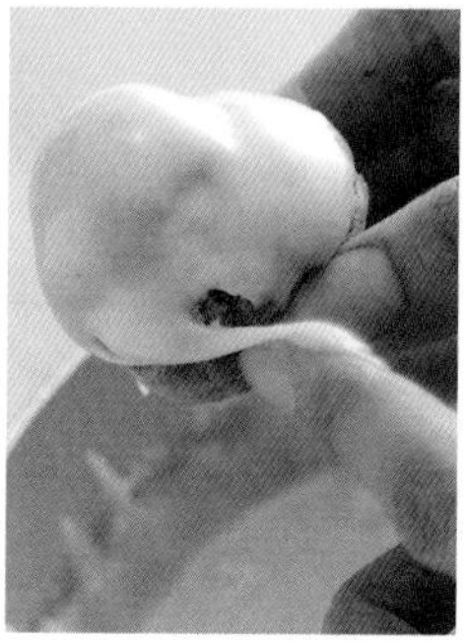
(d)

(e)

(f)

小さなシューがギュッと詰まった、
豪華なパリブレスト

パリブレストは、フランスで行われる自転車レースにちなんでつけられた名前。
車輪をイメージして作られたお菓子です。
香ばしいふたの下に、キャラメルカスタードクリームが入った小さなシューをぎっしり並べた、
ゴージャスなシュー菓子。ちょっと手間はかかりますが、絶品です。

材料 直径約18cmのもの1台分

◎シュー生地
バター（無塩）………50g
水………120ml
塩………ふたつまみ
砂糖………小さじ½
薄力粉………40g
強力粉………30g
溶き卵………約2個分
溶き卵（表面にぬる用）………適量
アーモンドスライス………適量
粉糖（仕上げ用）………適量

◎キャラメルカスタードクリーム
キャラメルクリーム（P59参照）………50g
カスタードクリーム
卵黄………3個分
砂糖………60g
薄力粉………30g
バニラビーンズ………½本
牛乳………300ml

◎キャラメル生クリーム
キャラメルクリーム（P59参照）………40g
生クリーム（脂肪分40%以上）………120ml

下準備

・全卵は常温に戻しておく。
・生クリームを常温に戻しておく。
・シュー生地の薄力粉と強力粉を合わせてふるう。クリームの薄力粉もふるう。
・ガスオーブンは200℃に予熱する（電気オーブンの予熱についてはP46参照）。
・2枚の天板に薄く油をぬり、強力粉（分量外）を全体に薄くはたく。1枚の天板には直径15cmの丸型などであとをつけ、もう1枚の天板には、定規で6cm長さの線を等間隔に7本ひく。
・キャラメルクリーム（P59）を作る。

作り方

シュー生地を作る

1. 「基本のシュークリーム2 ざっくりシュー」（P12）の作り方**1**〜**6**のとおりに作る。
2. **1**を直径1cmの丸口をつけた絞り出し袋に詰めて、天板に幅2cm、長さ6cmに7本絞り出し、その上にもう1本重ねるように絞り出す（**a**）。
3. 残った生地を、もう1枚の天板に直径15cmのリング状に2周絞り出し、次にその上に残った生地を重ねて絞り出す（**b**）。溶き卵を全体にぬり、水でぬらしたフォークで表面にスジを入れ（**c**）、水でぬらした指先で生地の縁を1周なぞって形を整える（**d**）。

＊天板が1枚しかない場合は、残った生地をオーブンシートの上に絞り出す（生地をそのままおいておくとかたくなってしまうので、すぐに絞り出すこと）。

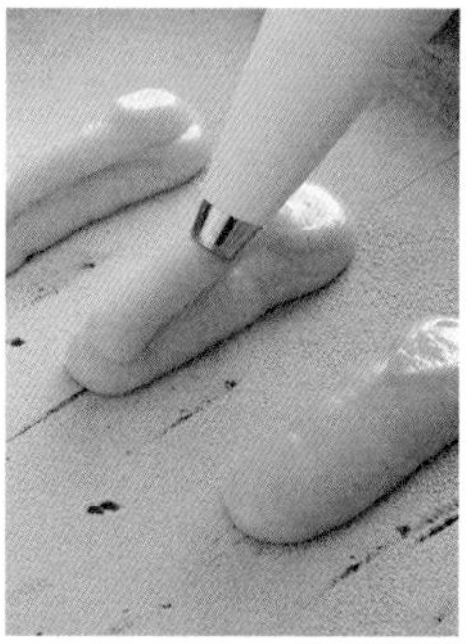

（a）

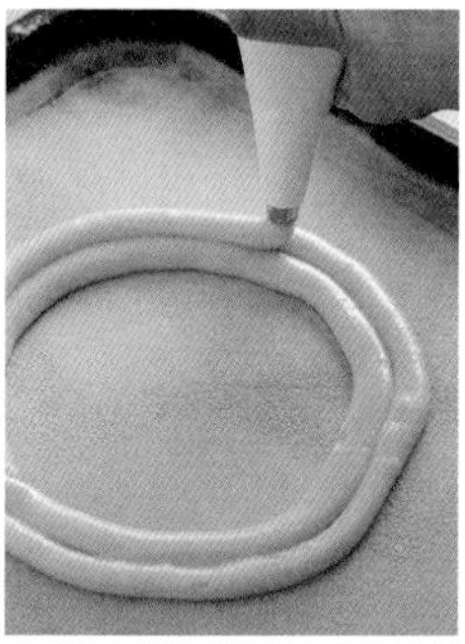

（b）

（c）

（d）

4. 3の全体にアーモンドスライスをたっぷり散らす(e)。
5. 焼く直前に30cmくらい離れたところから2と4に霧吹きで水をたっぷりと吹き、予熱しておいたオーブンに素早く入れる。4は200℃で20分、その後、温度を170℃に下げて20分、さらに160℃で30分焼く。2は200℃で15分、その後、170℃に下げて20〜25分焼く。
6. 焼き上がったシュー皮はケーキクーラーにのせて冷ます。

キャラメルカスタードクリームを作る

7. 「基本のシュークリーム1 カスタードリッチクリーム」(P8)の作り方11〜18のとおりに作る。
＊クリームの分量と配合は違うので、作り方のみ参照すること。
8. 火を止めて、7にキャラメルクリーム50gを加え、ゴムべらでよく混ぜる。
9. 8を容器に移し入れ、ラップをクリームに密着させてふたをする。氷水の上にのせ粗熱をとってから、冷蔵庫で冷やす。

仕上げる

10. ボウルに9のクリームを入れ、バニラビーンズのさやは取り出し、ゴムべらで混ぜてなめらかにする。星口をつけた絞り出し袋に詰める。
11. キャラメル生クリームを作る。別のボウルに生クリームとキャラメルクリーム40gを入れ、ボウルの底を氷水にあてながらハンドミキサーで九分立て(P63)に泡立てる。直径7㎜の丸口をつけた絞り出し袋に詰める。
12. 6の小さいシュー生地の底に箸で穴をあけて、11のキャラメル生クリームを絞り入れる。
13. リング状のシュー皮の上⅓を切り、下⅔側に10のキャラメルカスタードクリームを絞り入れる(f)。12をその上に並べ(g)、残りのキャラメルカスタードクリームをエクレアの外側と内側に縦に絞っていく(h)。
14. シュー皮の上⅓をかぶせ、茶こしで粉糖をかける。

(e)

(f)

(g)

(h)

キャラメルクリーム

材料(作りやすい分量)

砂糖 ………100g
水 ………大さじ1
生クリーム(脂肪分40％以上)………70ml

＊キャラメルクリームはあまったら冷蔵庫で保存します。パンやクッキー、アイスにつけるとおいしい。

作り方

鍋に砂糖と水を入れてゴムべらで混ぜてなじませたら中火にかけ、ゆすりながら溶かす(かき混ぜないこと)。香ばしい香りがして煙が出てきたら火を止め、常温に戻した生クリームを加え、ゴムべらで混ぜ、冷ましておく。

焼きっぱなしのシューケット

「もっと気軽にシューを楽しみたい」という人にはシューケットをおすすめ。
ひと口サイズだから、気軽につまめてちょっとしたおやつやおつまみにも最適です。
今回は、プレーンとココアのスイーツシュー、チーズ味の塩味シューをご紹介します。
シューケットはパリではパティスリー（お菓子屋さん）ではなく
ブーランジェリー（パン屋さん）に並んでいて、紙袋に入れて渡してくれます。

材料 直径3〜4cmのもの各35〜40個分

◎シュー生地(プレーン)

バター(無塩)………50g

水………120ml

塩………ふたつまみ

砂糖………小さじ½

A ┌薄力粉………40g
  └強力粉………30g

溶き卵………約2個分

B ─あられ糖………適量

◎シュー生地(ココア)

バター………50g

水………120ml

塩………ふたつまみ

砂糖………小さじ½

A ┌薄力粉………30g
  │強力粉………30g
  └ココア………7g(約大さじ1)

溶き卵………約2個分

B ─あられ糖………適量

◎シュー生地(チーズ)

バター(無塩)………50g

水………120ml

塩………ふたつまみ

砂糖………小さじ½

A ┌薄力粉………40g
  └強力粉………30g

溶き卵………約2個分

グリュイエールチーズ

(すりおろしたもの・粉チーズでも代用可)………50g

黒こしょう………適量

B ─グリュイエールチーズ

(すりおろしたもの・粉チーズでも代用可)………30g

下準備

・全卵は常温に戻しておく。

・Aは、それぞれ合わせてふるう。

・ガスオーブンは200°Cに予熱する(電気オーブンの予熱についてはP46参照)。

・天板に薄く油をぬり、強力粉(分量外)を全体に薄くはたき、直径2〜3cmの円形に35〜40個分、等間隔にあとをつける。

＊ペットボトルのキャップなどを使うと便利。

作り方(3種共通)

シュー生地を作る

1. それぞれバターを1cm角に切って鍋に入れ、水、塩、砂糖も加え中火にかけ、沸騰させる。
2. 1にAを一気に加え、すぐに火を止め、勢いよく木べらで鍋底から混ぜ合わせる。
3. 全体がまとまってきたら、再度中火にかけて、木べらで生地を崩して広げ、まとめるという作業を何度か繰り返しながら混ぜ合わせる。鍋の底に薄く皮膜が張るようになったら、すぐに火を止め、ボウルに移す。
4. 3に溶き卵の半量を加える。最初は、木べらで切るようにし、ある程度なじんだら練り混ぜる。
5. 4に残りの溶き卵を少しずつ加えながら、木べらで混ぜる。木べらで生地をたっぷりすくい、ゆっくりと下に落ちたあと、木べらからたれた生地が10cmくらいの三角形になったらOK(チーズシューケットのみ、ここで黒こしょうとチーズを加えて混ぜる・a)。
6. 5の生地を直径1cmの丸口をつけた絞り出し袋に詰め、天板の上に、直径2〜3cmの円形に絞り出す(b)。
7. 30cmくらい離れたところから霧吹きで水をたっぷりと吹き(c)、上を軽く押さえBをかける(d)。生地にのりきらないくらい、たっぷりトッピングをのせることがおいしく仕上げるコツ(e)。
8. 予熱しておいたオーブンに素早く入れ、200°Cで15分、その後、温度を、プレーンシューとココアシューは180°Cに下げて25〜30分、チーズシューは30〜35分焼く。焼き上がるまでは絶対に扉を開けないこと。
9. 焼き上がったシューは、ケーキクーラーの上にのせて冷ます。

＊夏場など、湿気の多い時期は、粗熱がとれてから保存袋などに乾燥剤とともに入れたり、冷蔵庫で保存するなどして、皮のさくさく感を保つようにする。

(a)

(b)

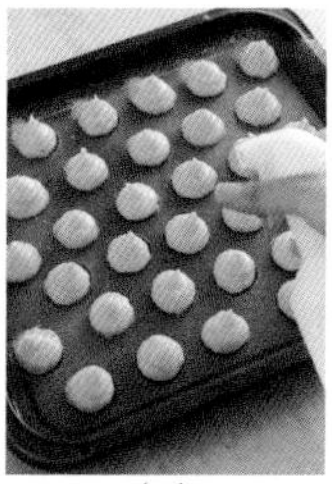
(c)

(d)

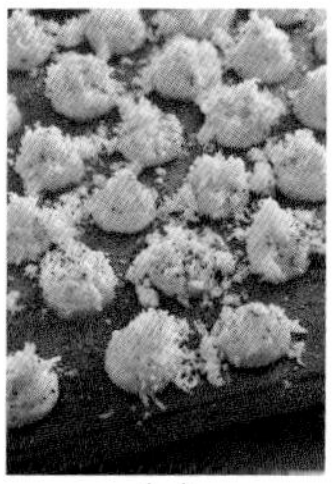
(e)

この本のシュークリームを作るための基本の道具

ボウル

材料が混ぜやすく、泡立てやすいように、ボウルは大きめのものが使いやすいでしょう。また、次の手順に移るたびに洗いなおすのは手間がかかるので、2つは用意しておくことをおすすめ。

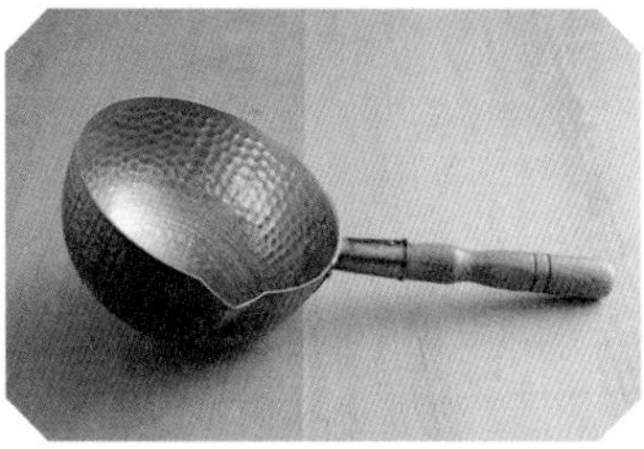

片手鍋

混ぜやすく、また熱が均等に伝わりやすいので、底の平らな鍋をおすすめします。鍋からボウルに液体を移しやすいよう、片口がついていれば、なお便利です。

木べらとゴムべら

生地を切るように混ぜるのに木べらが、鍋中でクリーム手早く混ぜたり、カスタードクリームとホイップクリームを混ぜるのにゴムべらが必要です。両方用意しましょう。

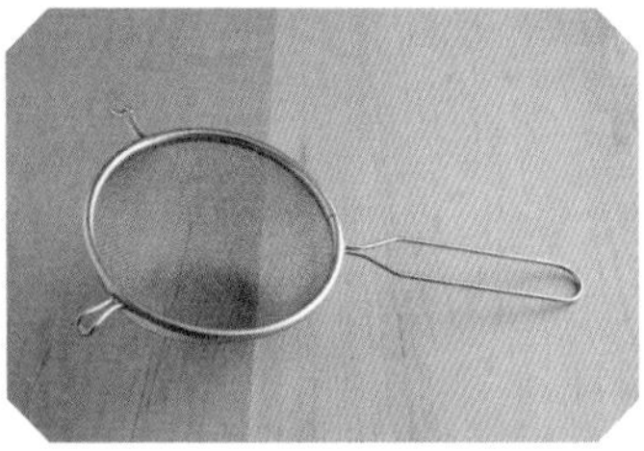

ざる

粉類をふるうのに必要です。生地やクリームのダマをなくすためには、必ず下準備で粉類をふるっておくこと。

泡立て器

材料を混ぜるのに必要です。

ハンドミキサー

生クリームを手早く泡立て、ホイップクリームを作るのに使います。慣れている方なら泡立て器でもできますが、ハンドミキサーのほうがラクですし、便利です。

絞り出し袋と口金

シュー生地やクリームを絞り出すのに必要です。口金は直径1cmの丸口と、直径7.5㎜の丸口、星口を使用しています。

セルクル型

基本のシュークリームでは直径4.5cm、5cm、5.5cmのものを使用していますが、コップなどでも代用できます。「ロマンチックなルリジューズ」など（P54）ではペットボトルのふたやおちょこなどを使用すると便利です。

デジタルスケール

お菓子作りには、正確に計量できるデジタルスケールは必須です。1g単位で表示できるものを使いましょう。

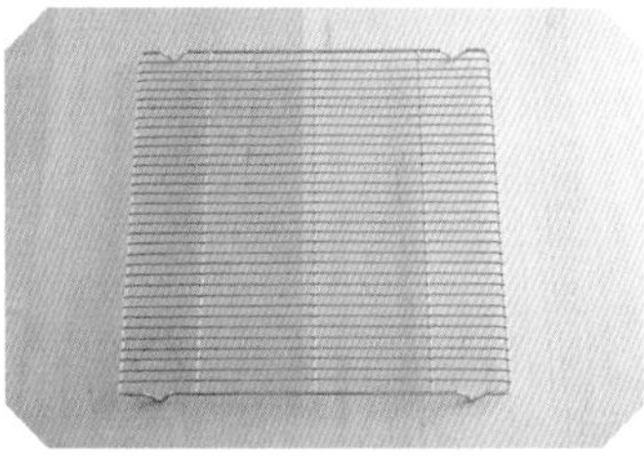

ケーキクーラー

焼き上がったシュー皮の粗熱をとるために必要です。天板についている網を使ってもいいでしょう。

霧吹き

焼く前のシュー生地にまんべんなく霧吹きするために使います。霧吹きをしないと、牛地ののびが悪くなるので必須です。

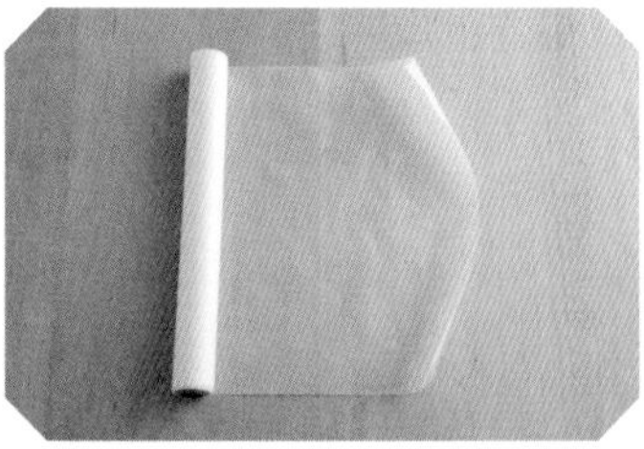

オーブンシート

「パイシュー」（P32）や「スワンシュー」（P48）を作るときなどに使います。

シュークリームをおいしく作るためのQ&A

Q 下準備で天板の上に強力粉をはたくかわりに、オーブンシートを敷いてもいいですか?

A オーブンシートでもいいでしょう。ただし……。

天板に強力粉をはたき、直接セルクル型であとをつけていくメリットは2つあります。ひとつは、強力粉の上に生地を絞り出したほうが、焼くときに、生地にふんばりがききしっかりのびるから(もしも強力粉がなければ薄力粉でもOK。ただし、強力粉のほうがおすすめ)。もうひとつは、天板に直接、絞り出す大きさを型でつけていったほうが、均一のサイズに絞りやすいからです。

Q 下準備で卵を常温に戻しておくのはなぜですか?

A 卵の温度が低いとシュー生地のふくらみが悪くなります。

溶き卵の温度が低いと、シュー生地の温度が下がりすぎて、焼いたときにふくらみが悪くなるので、必ず卵は常温に戻しておきましょう。

Q シュー生地を作るときに卵を全量入れたのに、まだかたいのはなぜ?

A 卵の温度、加熱時間を確認しましょう。

原因としては、卵の温度が低かったか、粉類を入れてからの加熱時間が長すぎたことが考えられます。その場合は、溶き卵を、さらに少しずつ加えて混ぜていきましょう。

Q シュー生地にどうして霧吹きをするんですか?

A シュー生地ののびをよくするためです。

水を吹きつけることで、シュー生地がオーブンの熱で焼きかためられる速度が遅くなり、その分、生地ののびがよくなり、大きくふくれます。

Q 天板が1枚しかない、または小さくて、シュー生地が全量絞り出せないときはどうしたらいいですか?

A オーブンシートの上に絞り出しておきましょう。

シュー生地は作ったまま放置しておくと、かたくなってしまいますので、天板に絞りきれない場合は、オーブンシートの上に絞り出します。乾かないように、ふわっとラップをかけておくといいでしょう。

Q シュー生地やクリームを上手に絞り出し袋に詰められません。

A 背の高い器に絞り出し袋をセットしましょう。

写真のように、高さのある器に絞り出し袋をセットし、そこに、シュー生地やクリームを移していけば、上手に詰められます。

Q ホイップクリームの八分立て、九分立ての目安が分かりません。

A 九分立ては、泡立て器のワイヤーの間に、クリームがもったりと詰まります。

卵の状態や、そのときの温度や湿度によって泡立てにかかる時間は違うので、何分泡立てましょうとはいえません。ホイップクリームの泡立て具合は、下の写真を参考にしてください。

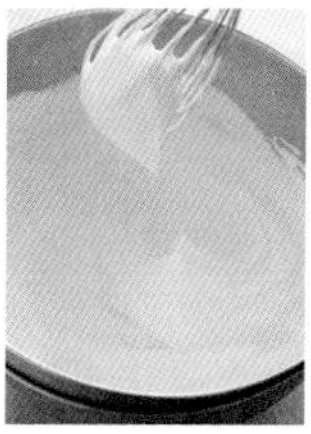

八分立て

ツノが立ち、泡立て器のワイヤーの間に軽くクリームが詰まる。泡立て器を持ち上げても、クリームがすぐに落ちない程度。

九分立て

クリーム全体がもったりし、泡立て器のワイヤーの間にクリームがぎっしり詰まる。泡立て器を持ち上げても、クリームが下に落ちることがない程度に、しっかりホイップされている状態。

Profile

福田淳子(ふくだ・じゅんこ)

料理研究家。カフェなどでメニューの開発や店舗の立ち上げにかかわったのち、お菓子を中心に書籍、雑誌、広告などで活躍中。小さいときから本を見ながらお菓子作りをしてきたので、「あのときの自分でも失敗なくできるような、分かりやすく、丁寧な本作り」を目指している。一番好きなお菓子はシュークリーム!

著書に『スフレ・シュクレ&スフレ・サレ』(河出書房新社)、『ボウルでかんたん 心ときめくドームケーキ: 特別な日にいっしょに食べたい、贈りたい』(誠文堂新光社)、『チーズケーキパーフェクトブック 基本からアレンジまで。酸味、食感など、自分好みのチーズケーキが簡単に作れる。』(マイナビ)ほか多数。

製菓材料協力

cuoca(クオカ)
http://www.cuoca.com
お菓子作り・パン作りの素材や道具の専門店

Staff

ブックデザイン	釜内由紀江(Grid)
	五十嵐奈央子(Grid)
撮影	野口健志
スタイリング	福泉響子
調理アシスタント	西澤淳子　茂木恵実子
編集	斯波朝子(オフィスCuddle)

本書の内容に関するお問い合わせは、お手紙かメール(jitsuyou@kawade.co.jp)にて承ります。恐縮ですが、お電話でのお問い合わせはご遠慮くださいますようお願いいたします。

シュークリーム

2011年12月30日初版発行
2020年 1 月20日新装版初版印刷
2020年 1 月30日新装版初版発行
著者　福田淳子
発行者　小野寺優
発行所　株式会社河出書房新社
〒151-0051
東京都渋谷区千駄ヶ谷2-32-2
電話 03-3404-1201(営業)
03-3404-8611(編集)
http://www.kawade.co.jp/
印刷・製本　三松堂株式会社
ISBN978-4-309-28775-1
Printed in Japan

●本書は2011年12月小社刊『シュークリーム』を新装したものです。